KB189394

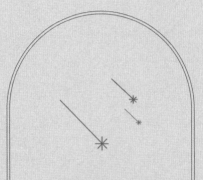

당신을 위해 오신

예수님을 만나길 바라며,

_____에게 드립니다.

예수가 선택한
십자가

예수가 선택한
십자가

맥스 루케이도 지음 | 윤종석 옮김

HE
CHOSE
THE
NAILS

못

군병들의 침

가시 면류관

포도주 적신 해면

갈보리 길

두 십자가

옷

찢긴 몸

수의

십자가

물과 피

죄패

빈 무덤

RHK
알에이치코리아

일러두기

본문에 인용한 성경 번역본은 개역개정판을 기본으로 한다. 다만 저자의 의도를 살려, 영어 성경 TLB는 현대인의성경으로, NLT는 쉬운성경을, MSG는 메시지성경을 사용했다. 단, 현대인의성경은 '현대인'으로, 메시지성경은 '메시지'로 표기했다.

십자가를 택하신 예수 그리스도께
이 책을 바칩니다.

나는 지금 박수를 치고 있다. 책에는 스피커가 없으니 당신에게는 들리지 않으리라. 하지만 사실이다. 나는 다음 사람들에게 우레 같은 갈채와 기립 박수를 보내고 있다.

편집을 맡아준 리즈 헤이니와 카렌 힐. 언제나 내 옆구리를 쿡 찌르는 데 능숙한 이들이지만 이번에는 특히 한 사람은 뒤에서 밀어주고 한 사람은 앞에서 끌어주었다. 가끔 정말 늙은 나귀처럼 아둔해지는 나를 데리고 이 프로젝트를 끝마쳐 준 그들에게 감사한다.

댈러스 신학대학원의 로이 B. 주크 박사. 그의 통찰력은 한없이 소중한 것이었다.

스티브 핼리데이. 이 한 권의 책에 또 하나의 멋진 '스터디 가이드'를 만들어주었다.

캐럴 바틀리와 로라 켄달. 원고를 꼼꼼히 손보아 준 데 감사를 표한다.

토마스 넬슨 출판사 가족들. 그 팀의 일원이 되어 영광이다.

오크힐스 교회와 동역자들. 주일에는 그들과 함께 보내는 것 말고는 가고 싶은 다른 곳이 없다.

버디 쿡, 텍사스 골프 클럽, 라칸테라 골프 학교에 특별한 감사를 전한다.

스티브와 셔릴 그린. '친구'라는 단어에 대한 정의는 사전에 있지만 이 둘은 그것을 실제로 보여주었다. 두루두루 고맙다.

몇 년 전 어느 주일, 내 책상에 짤막한 메모와 함께 십자가 하나를 놓고 간 그 러시아인 그리스도인. 그는 예수님을 처음 믿은 감격에 겨워 낡고 버려진 러시아 교회당에서 못을 뽑아냈고 그 못들을 엮어 십자가를 만들었다. 십자가 둘레에는 철조망으로 만든 면류관을 씌웠다. 가슴 뭉클한 이 작품은 지금도 내 사무실 벽에 걸려 있다. 이름은 모르고 마음만 아는 그에게 감사를 전한다.

우리 집 세 딸 제나, 안드리아, 사라. 이 책을 쓰는 동안 두

배로 인내심을 발휘해 주었다. 고맙다! 오늘 밤은 집에 일찍 들어가마.

내 아내 데날린. 당신을 향한 내 사랑은 당신을 향한 하나님의 사랑이 끝나는 날에나 끝날 것이오.

독자 여러분에게도 감사드린다. 나 같은 저자의 서투른 글이 '참 저자'에 관한 진리를 드러내 준다면, 그때는 나의 노력도 여러분의 노력도 가치 있는 것이 될 테니까.

그리고 예수님. 우리 모두 일어나 주님께 가장 큰 박수를 드린다. 이런 내용을 쓰고 읽는 것과 그대로 사는 것은 별개의 이야기다. 바로 주님이 그렇게 사셨다.

하나님께서는 이 세상이 창조되기 전, 그리스도의 사랑 안에서 우리를 흠 없는 거룩한 백성으로 선택하셨습니다. 또한 그때부터 예수 그리스도를 통해 우리를 자녀 삼으시기로 작정하셨습니다. 하나님께서는 이 일을 바라시고 또 기뻐하셨습니다. 놀라운 은혜를 내려주신 하나님께 찬양을 드립니다. 하나님께서는 아무 대가를 바라지 않으시고, 은혜를 베풀어주셔서 사랑하는 아들 독생자 예수 그리스도를 우리에게 보내주셨던 것입니다. 그리스도 안에서 우리는 그의 보혈로 자유함을 얻었습니다.

또한 하나님의 풍성한 은혜로 죄사함도 받았습니다. 하나님께서는 풍성한 지혜와 지식으로 우리에게 한 가지 비밀을 가르쳐 주셨습니다. 그것은 하나님께서 그리스도를 통해 우리를 구원하시려는 뜻을 가지고 계시다는 것이었습니다. 때가 되면, 하나님은 그 계획을 분명히 이루실 것입니다. 땅과 하늘에 있는 모든 것의 으뜸이 되신 그리스도 예수 안에서 하나가 될 것입니다. 모든 것을 그의 뜻대로 이루시는 하나님께서는 오래전에 이미 우리를 하나님의 백성으로 예정해 놓으셨습니다.

___ 에베소서 1:4–11, 쉬운성경

차 례

1장

바로 너를 위해 한 일이다

선물에 담긴 하나님의 약속

하나님의 모든 선물이 그분의 사랑을 나타낸다.

그러나 그분의 사랑을 십자가 선물보다 더 잘 보여주는 것은 없다.

십자가의 선물은 포장지 대신 수난에 싸여 찾아왔다.

하나님의 은사는 그리스도 예수 우리 주 안에 있는 영생이니라

로마서 6:23

말할 수 없는 그의 은사로 말미암아 하나님께 감사하노라

고린도후서 9:15

썩지 않고 더럽혀지지 않고 시들지 않는
하늘에 간직한 축복을 여러분이 받도록 하셨습니다.
여러분은 마지막 때에 나타나도록 예비된 구원을 얻기 위해
믿음을 통해서 하나님의 능력으로 보호를 받고 있습니다.

베드로전서 1:4-5, 현대인

온갖 좋은 은사와 온전한 선물이 다 위로부터 빛들의 아버지께로부터
내려오나니 그는 변함도 없으시고 회전하는 그림자도 없으시니라
그가 그 피조물 중에 우리로 한 첫 열매가 되게 하시려고
자기의 뜻을 따라 진리의 말씀으로 우리를 낳으셨느니라

야고보서 1:17-18

상대가 원하는 선물

그는 정말 딱한 사람이다. 그를 본다면 웃지 말아라. 놀리지 말아라. 외면하거나 도리질하지도 말아라. 그저 친절하게 제일 가까운 벤치로 데리고 가 자리에 앉게 하라.

이 사람을 안쓰럽게 여겨라. 그는 지금 너무 두렵다. 휘둥그레진 저 눈을 보라. 그는 맨해튼의 거리에 나온 사슴이요 도시의 정글을 걷는 타잔이다. 그는 뭍으로 나온 고래다. 어쩌다 뭍에까지 나왔으며 어떻게 돌아가야 할지 막막하기만 하다.

이 비참해 보이는 생물은 누구인가? 창백한 얼굴의 이 고아는 누구인가? 그는 바로 백화점 여성복 코너에 들어온 남자다. 아내의 선물을 사기 위해서 말이다(모자를 벗어 이 남자에게 경의를 표해주기 바란다).

때는 크리스마스일 수도 있다. 아내의 생일일 수도 있고 결혼기념일일 수도 있다. 동기가 무엇이든 그는 스포츠 용품점, 식당가, 전자 제품 매장의 대형 텔레비전 화면 등 자신의 친숙한 서식지를 뒤로하고 여성복 매장이라는 미지의 세계로 발길을 들여놓았다. 당신이 봐도 쉽게 눈에 띌 것이다. 통로에 미동도 없이 서 있는 사람이 그다. 옆구리의 땀자국만 아니라면 영락없이 마네킹인 줄 알 것이다.

하지만 그는 마네킹이 아니라 여자의 세계에 들어온 남자다. 그는 여태껏 이렇게 많은 속옷을 본 일이 없다. 자신의 속옷을 사러 대형 마트에 가면 속옷들은 전부 포장되어 달랑 선반 한 줄에 진열되어 있다. 하지만 이곳은 그야말로 레이스 천지다. 그는 아버지로부터 이런 장소에 대해 경고를 들은 적이 있다. 머리 위 표지판에는 "란제리linger-ie('linger'란 한참 머문다는 뜻-옮긴이 주)"라 쓰여 있지만 그는 여기가 그럴 곳이 아님을 안다.

그래서 계속 걷지만 실은 어디로 가야 할지 모른다. 아마 이런 순간에 나처럼 잘 준비된 남자도 많지 않으리라. 우리 아버지는 '여자를 위한 쇼핑'이라는 문제를 하나의 통과의례로 보았다. 아이들이 성교육을 받거나 처음 넥타이를 매는 일처럼 말이다. 아버지는 우리 두 형제에게 쇼핑이라는 위기를 넘기는 방법을 가르쳐주었다. 우리를 앉혀놓고 두 마디 말을 가르쳐주시던 날이 지금도 기억난다. 외국에 나가 돌아다니려면 그 나라 언어를 알아야 하듯이 아버지는 우리에게 백화점 여성 코너의 언어를 가르쳐주었다.

"가만히 있으면 판매원이 도와주러 올 거야." 아버지의 말은 자못 엄숙했다. "그때 심호흡을 하고 나서 이 말만 하면 된단다. '에스티 로더.'" 그 후로 우리 어머니는 평생 세 남자에게서 세 가지 선물을 받았다. 에스티 로더, 에스티 로더, 그리고 에스티 로더.

아버지 덕분에 백화점 여성 코너에 대한 두려움은 사라졌다. 그러다 내 아내 데닐린을 만났다. 그러나 데닐린은 에스티 로더를 좋아하지 않는다. 나는 엄마 같은 자애로운 향이 난다고 말해주었지만 데닐린은 생각을 바꾸지 않았다. 그때부터 내 딱한 사연은 시작되었다.

올 생일에는 아내에게 옷을 사주기로 했다. 판매원이 데닐린의 사이즈를 묻기에 나는 모른다고 말했다. 정말 모른다. 아내를 내 팔로 감싸 안을 수 있다는 것과 아내의 손에 내 손을 깍지 끼우면 보기 좋게 들어맞는다는 것은 안다. 하지만 옷 사이즈라? 한 번도 물어본 적이 없다. 남자가 묻지 않는 질문이 있는 법이다.

판매원은 나를 도우려 했다. "아내 분의 체형이 저에 비해 어떠신 편인가요?" 여자에게는 공손해야 한다고 배웠지만 이 질문에는 공손하게 답할 수 없었다. 사실 대답은 하나뿐이었다. "제 아내가 더 날씬합니다."

나는 발끝만 쳐다보며 대답을 궁리했다. 이래 봬도 난 글을 쓰는 사람이 아니던가. 분명 적절한 말이 떠오를 것이다.

솔직하게 말할까 생각도 해봤다. "아가씨보다는 덜 풍성하지요."

아니면 칭찬 조로 이렇게 말하면 어떨까? "아가씨가 더 튼튼해 보입니다."

힌트만 줘도 그걸로 충분할지 모른다. "이 백화점 규모를 축소한다는^{downsizing} 말을 들었는데요."

결국 침을 삼키고는 내가 할 줄 아는 유일한 말로 답하고 말았다. "에스티 로더?"

여자는 내게 화장품 매장 쪽을 가리켜 보였지만 그곳에 갈 수는 없었다. 지갑을 사주면 어떨까? 쉬울 것 같았다. 돈과 카드를 담는 도구를 고르는 데 복잡할 게 뭐 있겠는가? 나는 똑

같은 지갑을 8년이나 쓰고 있지 않은가? 지갑 하나 사는 일이
뭐 그리 어려우랴?

오, 순진한 생각이다. 백화점 남성 잡화 코너에 가서 판매
원에게 지갑을 찾는다고 해보라. 계산대 옆의 작은 카운터로
데려갈 것이다. 그럼 당신은 그저 검은색과 밤색 중에서 하나
를 고르기만 하면 된다. 그러나 여성 잡화 코너에서 판매원에
게 지갑을 찾는다고 말해보라. 방으로 데려갈 것이다. 사방에
진열대가 늘어선 방으로. 진열대마다 지갑이 잔뜩 쌓여 있고
지갑에는 가격표가 붙어 있다. 크기는 작지만 위력 있는 가격
표…. 지갑의 필요성을 잊게 할 만큼 위력 있는 가격 아닌가?

그런 생각을 하고 있는데 판매원이 몇 가지를 물었다. 나로
서는 대답이 묘연한 질문들이었다. "부인께서 어떤 종류의 지
갑을 원하시나요?" 내 멍한 표정을 보고 아무 생각도 없음을
알아차린 듯 여자는 지갑의 종류를 늘어놓기 시작했다. "핸드
백? 끈이 달린 가방? 글러브 가방? 배낭? 어깨에 메는 가방?
동전 지갑?"

종류가 하도 많아 어지러웠다. 나는 졸도라도 할 것 같아
그대로 자리에 앉아 무릎 사이에 고개를 처박고 싶었다. 그래
도 여자는 멈출 줄 몰랐다. 내 쪽으로 몸을 기울이며 계속 물었

다. "토트백? 손지갑? 사첼백?"

"사첼?" 나는 낯익은 단어에 고개를 번쩍 들었다. 사첼 페이지Satchel Paige는 메이저리그 투수가 아니었던가? 답은 그거였다. 나는 어깨를 쭉 펴고 보란 듯이 말했다. "사첼이요."

여자는 내 답이 마음에 안 드는 눈치였다. 사첼백도 브랜드가 얼마나 많은지 내가 모르는 이름들을 속사포같이 쏟아내는데 하나도 알아들을 수 없었다. 내가 어리둥절해 하자 그녀는 눈을 반짝이며 원하는 게 없냐는 듯 계속해서 외국 브랜드를 열거했다. 마치 나를 우롱하는 것 같아 기분이 별로 좋지 않았다. 이 여자의 알아들을 수 없는 말을 더 듣기 전에 나는 최대한 빨리 그곳을 빠져나왔다.

그곳을 나오면서 나도 내가 아는 여성 화장품의 이름을 하나 말해주면서 작은 복수를 했다. "에스티 로더!" 그렇게 외치고는 재빨리 달아났다.

오, 사랑하는 사람들에게 선물을 주기 위해 우리가 하는 일들이란!

하지만 우리는 개의치 않는다. 다음에라도 얼마든지 다시 이런 일을 감수할 것이다. 사실 우리는 이미 거듭해서 하고 있다. 매년 크리스마스, 생일, 그 외에 모든 기념일마다 우리는 낯선 곳을 찾는다. 어른들이 장난감 가게에 가고, 아빠들이 십대가 좋아하는 가게를 찾는다. 아내들이 스포츠 용품 매장에 가고, 남편들이 여성 지갑 매장에 간다.

별난 곳에 들어가기만 하는 것이 아니라 별난 일들도 한다. 아빠가 아들에게 깜짝 선물을 주기 위해 한밤중에 자전거를 조립한다. 아내가 남편을 위해 마그네슘 합금제를 쓴 새로운 자동차 바퀴를 계단 밑에 숨겨놓는다. 어떤 남편은 결혼기념일에 아예 극장을 통째로 빌려 아내와 함께 극장 스크린으로 본인들의 결혼식 사진을 보았다는 얘기도 들었다.

이런 일을 우리는 얼마든지 다시 할 것이다. 섬김이라는 이름의 포도를 눌러 짜서 인생의 가장 달콤한 포도주를 마신다. 선물을 주는 일 말이다. 선물을 줄 때 우리는 가장 멋있다. 사실 선물을 줄 때 우리는 가장 하나님을 빼닮았다.

하나님이 주신 십자가 선물

하나님이 왜 그렇게 많이 주시는지 궁금한 적이 있었는가? 우리는 그보다 훨씬 적은 것만 가지고도 존재할 수 있다. 그분

은 세상을 온통 평평한 땅으로, 잿빛으로 남겨두셨을 수도 있
다. 그러셨다고 해도 우리는 차이를 몰랐을 것이다. 하지만 그
분은 그러지 않으셨다.

돋는 해에 주홍빛 흩뿌리시고
푸른 하늘을 펼치신 그분.
거위들 모여 지내는 모습은
볼수록 얼마나 신기한가.

털북숭이 다람쥐 꼬리,
새의 노래며 닭의 종종걸음,
장엄하게 울리는 천둥소리는
정녕 그분의 의무였을까?

꽃향기는 웬 것이며
음식 맛은 또 왜인가?
우리 얼굴의 그 표정
보고 싶으심 아닐까?

우리도 사랑을 표현하기 위해 선물을 하는데 하나님은 얼

마나 더 그리하실까? 교만과 탐욕으로 얼룩진 우리가 선물하기를 좋아한다면 순전하고 온전하신 하나님은 얼마나 더 우리에게 선물하기를 즐겨하실까? 예수님은 물으신다. "악한 사람이라도 자기 자녀에게는 좋은 선물을 줄 줄 아는데 하물며 하늘에 계신 너희 아버지께서 구하는 사람에게 더 좋은 것을 주시지 않겠느냐?"(마태복음 7:11, 현대인)

하나님의 마음, 하나님의 선하고 후하신 마음은 우리에게 선물을 주실 때 밝게 빛난다. 예수님의 형제인 야고보는 이렇게 말한다. "모든 바람직하고 유익한 선물은 하늘로부터 옵니다. 빛의 아버지로부터 폭포처럼 하염없이 내려옵니다"(야고보서 1:17, 메시지). 하나님의 모든 선물이 그분의 사랑을 나타낸다. 그러나 그분의 사랑을 십자가 선물보다 더 잘 보여주는 것은 없다. 십자가의 선물은 포장지 대신 수난에 싸여 찾아왔다. 나무 밑이 아니라 십자가 밑에 놓여졌다. 리본이 묶인 대신 피가 뿌려져 있다.

십자가의 선물.

'십자가'라는 선물 자체에 대해서는 다들 많이 얘기했다. 하지만 다른 선물들에 대해서 생각해 본 적이 있는가? 못은 어떤가? 가시 면류관은 어떤가? 군병들이 취한 옷은 어떤가? 장례를 위해 드려진 수의는 또 어떤가? 당신은 시간을 내어 이런 선물들을 열어본 적이 있는가?

알다시피 그분은 이 선물들을 꼭 주시지 않아도 됐다. 우리의 구원을 위해 꼭 필요한 행동은 오직 피를 흘리시는 것이었지만 그분이 하신 일은 더 많다. 훨씬 많다. 십자가 장면을 들여다보라. 무엇이 보이는가?

포도주를 적신 해면.

죄패.

그리스도 양옆의 두 십자가.

당신의 얼굴이 밝아지며 눈이 휘둥그레지는, 단 1초도 안되는 그 짧은 순간을 위해 마련된 하나님의 선물이다. 당신은 하나님께 이렇게 속삭인다. "저를 위한 일입니까?"

주님의 온화한 얼굴을 찢어놓은

그 고통의 면류관,

살과 나무를 뚫고

주님을 거기 매달아 놓은 세 개의 못.

피가 필요하다는 것은 이해합니다.

주님의 희생 또한 받아들입니다.

하지만 쓰디쓴 해면과 살을 찢는 창,

주님의 얼굴에 뱉던 그 침은?

꼭 십자가여야 했나요?

배반자의 입맞춤으로 시작되어

삶과 죽음 사이에 매달린 그 여섯 시간보다

덜 잔혹한 죽음도 있지 않나요?

"오, 아버지." 당신은 괴롭다.

고요해진 마음으로 그분께 묻는다.

"황송한 질문이지만 정말 궁금합니다.

진정 저를 위해 하신 일입니까?"

용기를 내어 이런 기도를 드려보자. 감히 그런 생각을 가져
보자. 십자가 언덕에는 하나님의 선물이 가득하지 않을까? 함
께 그것들을 살펴보지 않겠는가? 처음인 것처럼, 어쩌면 정말
처음으로 그 은혜의 선물들을 풀어보자.

선물들에 손을 대보라. 십자가의 나뭇결을 느껴보고 가시가

엮인 면류관을 더듬어보고 못의 머리 부분을 매만져 보라. 이제 잠시 멈춰 귀 기울여 보라. 그분의 속삭임이 들려올 것이다.

"바로 너를 위해 한 일이다."

바로 너를 위해 한 일이다

스티브 핼리데이Steve Halliday 엮음

깊은 생각

1. "오, 사랑하는 사람들에게 선물을 주기 위해 우리가 하는 일들이란!"

   1) 사랑하는 이로부터 받았던 기억에 남는 선물을 몇 가지 얘기해 보라.

   2) 당신이 사랑하는 사람을 위해 특별히 고른 선물을 한 가지만 얘기해 보라. 어떤 점에서 특별한 선물인가?

   3) 사랑하는 사람들을 기쁘게 하기 위해 우리가 갖은 수고를 마다하지 않는 이유는 무엇일까?

2. "선물을 줄 때 우리는 가장 멋있다. 사실 선물을 줄 때 우리는 가장 하나님을 빼닮았다."

   1) 저자는 무슨 뜻으로 이렇게 말했을까?

2) 당신은 이 말에 동의하는가? 그 이유는 무엇인가?

3) 이번 주 중에 당신은 누구에게 어떤 선물을 줌으로써 하나님을 닮을 수 있을까?

3. "하나님이 왜 그렇게 많이 주시는지 궁금한 적이 있었는가? 우리는 그보다 훨씬 적은 것만 가지고도 존재할 수 있다. 그분은 세상을 온통 평평한 땅으로, 잿빛으로 남겨두셨을 수도 있다. 그러셨다고 해도 우리는 차이를 몰랐을 것이다. 하지만 그분은 그러지 않으셨다."

1) 당신은 하나님이 왜 그렇게 많이 주신다고 생각하는가?

2) 하나님의 창조 세계의 어떤 부분들이 당신의 마음을 가장 기쁘게 하는가?

3) 구원은 왜 가장 놀라운 선물일까?

4. "하나님의 모든 선물이 그분의 사랑을 나타낸다. 그러나 그분의
   사랑을 십자가 선물보다 더 잘 보여주는 것은 없다."

   1) 당신이 하나님께로부터 받은 선물에는 어떤 것들이 있는가? 그것들
      은 당신에게 어떤 의미가 있는가?

   2) "십자가의 선물들"을 몇 가지 말해보고, 각각의 선물이 하나님의 사
      랑을 어떻게 보여주는지 설명해 보라.

   3) 십자가의 선물들 중 당신의 마음에 가장 깊이 와닿는 것은 무엇인가?
      그 이유는 무엇인가?

말씀 묵상

1. 로마서 6장 23절을 읽으라.

   1) 하나님의 어떤 선물(은사)이 언급되어 있는가?

   2) 우리는 어떻게 이 선물을 받을 수 있는가?

   3) 예수님과 이 선물은 어떤 관계가 있는가?

2. 고린도후서 9장 15절을 읽으라.

    1) 하나님의 어떤 선물이 언급되어 있는가?

    2) 이것을 "말할 수 없는" 선물이라 표현한 이유는 무엇인가?

    3) 우리는 이 선물에 어떻게 반응해야 할까? 그 이유는 무엇인가?

3. 베드로전서 1장 3-5절을 읽으라.

    1) 하나님의 어떤 선물이 묘사되어 있는가?

    2) 이 선물은 어디에 간직되어 있는가? 왜 거기에 있는가?

    3) 우리는 언제 이 선물을 받게 되는가? 어떻게 그것을 확신할 수 있는가?

4. 야고보서 1장 17-18절을 읽으라.

    1) 모든 좋은 선물은 어디서 오는가?

2) 하나님은 우리를 위해 어떤 일을 하기로 하셨는가? 그리고 어떻게 그 일을 이루셨는가?

3) 하나님은 왜 그 일을 하기로 하셨는가? 하나님이 이루고자 하신 일은 무엇인가?

5. 마태복음 7장 9-11절을 읽으라.

1) 이 말씀의 요지는 무엇인가?

2) 이 말씀을 통해 주어진 약속은 무엇인가? 그 약속이 어떻게 우리 삶을 책임질 수 있는가?

적용 실천

1. 우리가 과연 "선물을 줄 때 가장 하나님을 빼닮았다"면 이번 주 중에 당신은 어떻게 "하나님을 닮을" 수 있겠는가? 당신이 뜻밖의 선물로 축복을 나눌 수 있는 대상은 누구인가? 어떤 선물을 줄 수 있을까? 언제 줄 수 있을까? 그 순간이 아주 특별한 순간이 되게 하려면 어떤 식으로 선물을 전해야 할까? 선물 줄 계획을

구체적으로 세워보라. 그리고 이번 주가 끝나기 전에 실천에 옮겨보라.

2. 최소한 15분간 시간을 내서, 하나님이 당신에게 베풀어주신 모든 선물로 인해 감사하는 시간을 가져보라. 시작하기 전에, 특별히 감사한 선물들을 쭉 적어보고, 하나님의 구원의 선물에 특별히 초점을 맞추면서 기도로 마무리하라. 이 거룩한 시간 동안에는 구하는 기도는 가능하면 삼가고, 대신 하나님이 주신 모든 풍성한 선물로 인해 감사의 마음을 쏟아놓도록 하라.

2장

너의 어두운 면을 감당하겠다

군병들의 침에 담긴 하나님의 약속

군병들의 침이 우리 마음의 더러움을 상징한다고 생각해 보라.
그리고 예수께서 우리의 더러움을 어떻게 하시는지 잘 보라.
그분은 그것을 십자가로 가지고 가신다.

죄가 악인들의 마음 깊숙이 숨어 있어 한결같이 악한 짓을 충동하므로
그들의 눈앞에는 하나님을 두려워함이 없다.

시편 36:1, 현대인

인간의 마음에는 허영심이 깊이 뿌리박고 있다. …
허영심이 나쁘다는 글을 쓰는 자들도 잘 썼다는 영예를 얻으려 하고,
그 글을 읽는 자들도 읽었다는 영예를 얻으려 한다.

블레즈 파스칼Blaise Pascal

만물보다 거짓되고 심히 부패한 것은 마음이라 누가 능히 이를 알리요마는

예레미야 17:9

기독교적 의미에서 이해하는 '죄'란 존재 전체를 갈라놓는 간극이다.

에밀 브루너Emil Brunner

이 악한 마음아! 너는 왜 생겨서 온 세상을 악으로 덮으려 하느냐?

외경 집회서 37:3

내 안에 사는 야수

미녀가 나타나지 않았다면 야수는 어떻게 됐을까?

누구나 아는 「미녀와 야수」 이야기다. 야수도 멋진 궁전에서 잘생긴 얼굴로 지내던 시절이 있었다. 하지만 그것은 저주받기 전, 왕자의 성에 어두운 그림자가 드리워지기 전, 왕자의마음에 어두운 그림자가 드리워지기 전이었다. 어두움이 덮치자 그는 숨었다. 번들거리는 코와 휘어진 이를 한 몰골로 자신의 성 안에 틀어박혀 우울한 세월을 보냈다.

그러다 한 소녀의 등장으로 모든 것이 달라진다. 그러고 보니 정말 궁금하다. 미녀가 나타나지 않았다면 야수는 어떻게됐을까?

아니, 미녀가 거들떠보지 않았다면 어떻게 됐을까? 거들떠보지 않았다고 누군들 미녀를 나무랄 수 있을까? 그는 어디까지나 야수가 아니던가. 온몸이 털로 뒤덮여 있다. 침을 질질 흘린다. 으르렁거린다. 해치려 대든다. 반면 소녀는 빼어난 미녀다. 눈부시게 아름답다. 주변 사람들까지 착하게 만들 만큼 친절하다. 이 세상에 자기 이름값을 그대로 하고 산 사람이 둘 있다면 바로 미녀와 야수가 아닐까? 미녀가 야수에게 관심을 두지 않았다 해도 그녀를 탓할 수는 없다. 그러나 미녀는 야수에게 관심을 주었다.

그리고 미녀가 야수를 사랑했기에 야수는 더 아름다운 존재가 될 수 있었다.

우리에게 친숙한 이야기다. 동화라서가 아니라 우리의 모습을 보여주기 때문이다. 우리 각자 안에도 야수가 있다.

처음부터 그렇지는 않았다. 인류에게도 멋진 궁전에서 아름다운 얼굴로 지내던 시절이 있었다. 그러나 그것은 저주가 임하기 전, 아담의 동산에 어두운 그림자가 드리워지기 전, 아담의 마음에 어두운 그림자가 드리워지기 전이었다. 저주가 임하면서 우리는 달라졌다. 짐승 같아졌다. 흉측해졌다. 반항적이 되었다. 분노를 품게 됐다. 우리는 해서는 안 되는 일인 줄 알면서도 그 일을 한다. 그리고 자신도 왜 그러는지 모른다.

내 안의 흉측한 면이 야수 같은 얼굴을 쳐들던 그 밤이 떠오른다. 나는 운전 중이었고, 두 개의 차선이 하나로 좁아지려던 참이었다. 옆 차선에서는 한 여자가 운전을 하고 있었다. 그쪽 차선은 그대로 남아 있고 내가 달리던 차선이 없어지게 돼있었다. 나는 여자를 앞질러야 했다. 말할 것도 없이 내 스케줄이 그쪽 스케줄보다 중요했으니까. 나는 성직자가 아니던가? 사랑의 전달자요 평화의 대사가 아니던가?

그래서 나는 속도를 올렸다.

그런데 웬걸? 그쪽도 마찬가지였다. 내가 달리던 차선이 끝나는 지점에 이르자 여자가 나보다 범퍼 하나만큼 앞서 있었다. 나는 투덜거리며 속력을 늦춰 그 차를 먼저 보냈다. 여자는 어깨 너머로 잘 가라고 손짓하며 약을 올렸다. 젠장.

나는 전조등을 줄이기 시작했다. 그러다 동작을 멈췄다. 내 안의 사악한 부분에서 말소리가 들려왔다. "잠깐만." 어두운 곳에 빛을 비추는 것이 내 사명이 아니던가? 으슥한 곳에 조명을 밝혀야 하지 않겠는가?

그래서 나는 여자의 백미러를 향해 상향등을 살짝 쏘았다.

그러자 여자는 속력을 한껏 늦추어 복수했다. 그야말로 거북이 걸음이었다. 비열한 여자가 따로 없었다. 샌안토니오 도시 전체가 지각 사태를 빚는다 해도 콧방귀 하나 뀌지 않을 것 같았다. 시속 25킬로미터 이하로만 달리고 있었다. 물론 나도 그의 백미러에서 상향등을 거두지 않았다. 두 마리의 고집스런 당나귀처럼 여자는 계속해서 기어갔고 나는 빛을 쏘아댔다. 차마 털어놓을 수 없는 고약한 생각들이 내 머릿속을 좀 더 스쳐간 후, 마침내 길이 다시 넓어졌다. 나는 그의 차를 추월하기 시작했다. 그런데 이건 또 뭔가? 빨간 불에 걸려 두 차가 교차로 앞에 나란히 섰다. 그 다음에는 여자가 내게 손을 흔들면서 절대 흉내 내고 싶지 않은 손동작을 보였다.

잠시 후 죄책감이 들었다. "내가 왜 그랬지?" 나는 대체로 침착한 편이다. 그러나 좀 전의 15분간은 그야말로 야수였다! 두 가지 사실만이 내게 위로가 되었다. 하나는 내 차에 물고기 마크가 붙어 있지 않다는 것이고, 또 하나는 사도 바울도 나와 비슷한 고민을 했다는 것이다. "내가 원하는 것은 행하지 아니하고 도리어 미워하는 것을 행함이라"(로마서 7:15). 당신도 이렇게 말하고 싶었던 적이 있었는가?

군병들이 예수님께 한 일

그렇다면, 당신 같은 사람이 아주 많다. 내면의 야수와 씨름한 성경 인물은 바울만이 아니다. 성경에서 짐승의 이를 드러내지 않는 사람을 찾기란 어렵다. 단창을 들고 젊은 다윗을 쫓아다니는 사울 왕. 디나를 강간하는 세겜. 세겜과 그 친구들을 살해하는 디나의 오빠들(야곱의 아들들). 소돔에 야합했다 나중에 겨우 빠져나오는 롯. 베들레헴의 어린아이들을 죽이는 헤롯. 예수님의 사촌을 죽이는 또 다른 헤롯. 성경이 선한 책이라면 그것은 그 속에 등장하는 사람들 때문은 아니다. 성경을 기록한 펜대를 타고 잉크가 흐르듯 성경 속의 이야기마다 선혈이 낭자하게 흐른다. 그러나 야수의 악이 그리스도께서 돌아가시던 날보다 더 사납게 날뛰던 순간은 없었다.

제자들은 처음에는 자느라 바빴고 나중에는 도망가느라 바빴다.

헤롯은 쇼를 원했다.

빌라도는 사건에서 손을 떼고 싶었다.

그리고 군병들은? 피를 원했다.

그래서 그들은 예수님을 채찍질했다. 로마 군병의 채찍은

양쪽에 납덩이가 박힌 가죽 끈이었다. 군병의 목표는 오직 하나, 죄수를 죽기 직전까지 치는 것이었다. 서른아홉 대까지 칠 수 있었지만 그만큼도 필요하지 않았다. 백부장은 죄수의 상태를 살폈다. 볼 것도 없이 예수님은 죽기 직전이었다. 결박해 둔 손을 풀어주니 그대로 바닥에 쓰러졌다.

채찍질은 군병들이 행한 첫 번째 일이었다.

십자가에 못 박는 것은 세 번째 일이었다(오해하지 마시길. 잠시 후 두 번째 일에 대해서도 얘기할 것이다). 등에 줄줄이 상처 자국투성이인데도 군병들은 예수님의 어깨에 십자가를 지운 뒤 해골의 곳, 골고다로 끌고 가 매달았다.

이 두 행동뿐이라면 우리도 군병들을 탓하지 않는다. 그들이야 명령대로 한 것이 아닌가. 하지만 이해하기 힘든 것은 그들이 그 둘 사이에 행한 일이다.

마태는 이렇게 기록하고 있다.

예수는 채찍질하고 십자가에 못 박히게 넘겨주니라 이에 총독의 군병들이 예수를 데리고 관정 안으로 들어가서 온 군대를 그에게로 모으고 그의 옷을 벗기고 홍포를 입히며 가시관을 엮어 그 머리에 씌우고 갈대를 그 오른손에 들리고 그 앞에서 무

릎을 꿇고 희롱하여 이르되 유대인의 왕이여 평안할지어다 하
며 그에게 침 뱉고 갈대를 빼앗아 그의 머리를 치더라 희롱을
다 한 후 홍포를 벗기고 도로 그의 옷을 입혀 십자가에 못 박으
려고 끌고 나가니라 ___ 마태복음 27:26-31

군병들에게 맡겨진 일은 간단했다. 나사렛 사람을 언덕으
로 끌고 가 죽이는 것이었다. 그러나 그들에게는 딴생각이 있
었다. 그들은 우선 재미를 보고 싶었다. 잘 먹고 잘 쉰 강한 무
장 군인들이 탈진하여 초주검이 된 갈릴리의 한 목수를 둘러
싸 구타하고 있다. 채찍질은 명령이었다. 십자가에 못 박는 것
도 명령이었다. 그러나 거반 죽은 자에게 침을 뱉어 쾌감을 느
끼는 인간은 누구란 말인가?

침 뱉음이란 몸에 고통을 주기 위한 행동이 아니다. 침은
몸에 고통을 줄 수 없다. 침 뱉음은 영혼에 수치를 주기 위한
행동이다. 침 뱉음을 당할 때 과연 우리는 모욕을 느낀다. 군병
들은 지금 무슨 일을 하고 있는가? 다른 사람을 깔아뭉갬으로
자신을 높이는 것 아닌가? 그들은 그리스도를 초라하게 만듦
으로 자기가 대단한 존재라도 되는 양 행동했다.

당신도 그런 적이 있는가? 침을 뱉지는 않았을지 모른다.

하지만 누군가를 험담한 일이 있는가? 비방한 일은? 분노로 손을 쳐들거나 교만하게 눈을 굴린 일은 없는가? 누군가의 백미러에 상향등을 쏘아낸 일은 없는가? 내 기분 좋아지자고 남의 기분을 비참하게 만든 적은 없는가?

군병들이 예수님께 한 일도 이와 같다. 당신과 내가 이런 행동을 할 때, 예수님께도 똑같이 한 것과 다름없다. "그때, 왕이 대답할 것이다. '내가 너희에게 진정으로 말한다. 보잘것없는 사람에게 한 일, 곧 너희가 이 형제들 중 가장 보잘것없는 사람에게 한 일이 곧 나에게 한 것이다'"(마태복음 25:40, 쉬운성경).

우리가 다른 사람을 대하는 방식이 곧 우리가 예수님을 대하는 방식이다.

"오, 그런 말이라면 듣고 싶지 않아요." 당신은 항변한다. 나또한 그렇게 말하고 싶지 않지만 우리는 직시해야 한다. 우리 안에는 누구나 예외 없이 야수 같은 면이 있다는 사실을. 자기가 해놓고도 깜짝 놀랄 일을 하게 만드는 야수적 근성 말이다. 자신에게 놀란 적이 있는가? 자신의 행동을 돌아보며 "내 속에 뭐가 있기에?" 하는 의문이 든 적이 있는가?

죄로 인해 타락한 우리

성경은 그 질문에 한 단어로 답한다. 죄. 우리 각자 안에는 뭔가 나쁜, 야수 같은 것이 있다. 우리는 "본질상 진노의 자녀"(에베소서 2:3)다. 우리가 선을 행할 수 없다는 말이 아니다. 선도 행한다. 그보다는, 우리가 악을 행하지 않을 수 없다는 말이다. 신학적 용어로 우리는 "전적으로 타락한" 존재다. 하나님의 형상대로 지음 받았음에도 우리는 타락했다. 속이 부패했다. 존재의 중심부터 이기적이고 패역하다.

다윗은 이렇게 고백했다.

"그렇습니다! 나는 태어날 때부터 죄투성이었습니다. 어머니가 나를 임신했을 때부터 나는 죄인이었습니다"(시편 51:5, 쉬운성경).

우리 중에 이 말에 해당되지 않는 사람이 있을까? 우리 각자는 죄의 속성을 안고 태어났다. 타락이란 전 인류의 보편적인 상태다. 성경은 명백히 말한다.

> 우리는 다 양 같아서 그릇 행하여 각기 제 길로 갔거늘
>
> ___ 이사야 53:6

> 만물보다 거짓되고 심히 부패한 것은 마음이라 누가 능히 이를 알리요마는 ___ 예레미야 17:9

> 의인은 없나니 하나도 없으며 … 모든 사람이 죄를 범하였으매 하나님의 영광에 이르지 못하더니 ___ 로마서 3:10, 23

이런 강한 표현에 이의를 제기할 사람들도 있을 것이다. 그들은 주변을 둘러보며 말한다. "다른 사람들에 비하면 나는 그래도 괜찮은 편이야." 돼지도 그와 비슷한 말을 할 수 있다는 것을 아는가? 돼지는 자기 여물통의 다른 돼지들을 둘러보며 이렇게 자신 있게 이야기할 수 있다. "난 누구 못지않게 깨끗해." 그러나 인간에 견준다면 돼지는 도움이 필요한 상태다. 우리 인간도 하나님에 견준다면 똑같이 도움이 필요한 상태다. 무죄의 표준은 이 땅의 돼지 여물통이 아니라 하늘 보좌에 있다. 하나님 자신이 표준이다.

우리는 야수다. 프랑스의 수필가 몽테뉴Montaigne의 말처럼 "모든 생각과 행동에 법의 기준을 들이댄다면 평생 열 번의 교수형에 처하지 않을 만큼 착한 사람은 세상에 없다."[1] 우리의 행실은 추하다. 행동은 잔인하다. 정작 하고 싶은 일은 못하고,

하기 싫은 일을 하며 사는 것이 우리다. 이 정도는 약과다. 설상가상으로, 우리는 바뀔 수 없다.

우리는 바뀌려고 애쓴다. 얼마나 애쓰는지 모른다. 하지만 선지자 예레미야는 이렇게 말했다. "표범이 그의 반점을 변하게 할 수 있느냐 할 수 있을진대 악에 익숙한 너희도 선을 행할 수 있으리라"(예레미야 13:23). 사도의 생각도 선지자와 같다. "육신의 생각은 하나님과 원수가 되나니 이는 하나님의 법에 굴복하지 아니할 뿐 아니라 할 수도 없음이라"(로마서 8:7).

아직도 수긍할 수 없는가? 아직도 너무 가혹한 평가라 생각되는가? 그렇다면 여기 한 가지 제안을 해보겠다. 지금부터 24시간 동안 죄를 짓지 않고 살아보라. 10년이나 1년을 완벽하게 살라는 것도 아니고 한 달도 아니다. 그저 하루만 완벽하게 살라는 말이다. 할 수 있겠는가? 정말로 죄 없이 하루를 살 수 있는가?

그럴 수 없다면 한 시간은 어떤가? 지금부터 60분 동안 순결한 생각과 행동만 하겠다고 약속할 수 있는가?

그래도 망설여지는가? 그렇다면 5분은 어떤가? 5분간만 염려도 없고 분노도 없이 이타적인 삶을 사는 것이다. 할 수 있겠는가?

못 하겠다고? 나도 마찬가지다.

그렇다면 우리에게 문제가 있는 것이다. 우리는 죄인이다. 그리고 "죄의 삯은 사망"(로마서 6:23)이다.

우리에게 문제가 있다. 우리는 거룩하지 못하다. 그리고 성경은 "이것[거룩함]이 없이는 아무도 주를 보지 못하리라"(히브리서 12:14)라고 말한다.

우리에게 문제가 있다. 우리는 악하다. 그리고 성경은 "악인의 소득은 죄에 이르느니라"(잠언 10:16) 라고 말한다.

어떻게 하면 좋을까?

우리 대신 죄를 입으신 예수님

군병들의 침이 우리 마음의 더러움을 상징한다고 생각해 보라. 그리고 예수님께서 우리의 더러움을 어떻게 하시는지 잘 보라. 그분은 그것을 십자가로 가지고 가신다.

주님은 선지자를 통해 말씀하셨다. "모욕과 침 뱉음을 당하여도 내 얼굴을 가리지 아니하였느니라"(이사야 50:6). 그분의 피와 땀에는 우리 죄의 본질이 한데 섞여 있다.

하나님은 얼마든지 다르게 하셨을 수도 있다. 하나님의 계획에 따라 예수님께는 목을 축일 포도주가 주어졌다. 그렇다면 얼굴을 닦을 수건이 주어지지 말라는 법도 없지 않은가? 시몬은 예수님의 십자가를 졌지만 예수님의 뺨을 닦아주지는 않았다. 그분의 기도 한마디면 천사들이 움직일 수도 있었다. 천사들이 침 자국을 닦아줄 수 없었단 말인가?

그럴 수 있었다. 그러나 예수님은 절대 그렇게 명하시지 않았다. 어떤 이유에서인지, 못을 택하신 그분은 침도 택하셨다. 인간의 창과 해면과 더불어 그분은 인간의 침도 견디셨다. 왜일까? 그분이 야수 안에서 미녀를 보시기 때문 아닐까?

하지만 「미녀와 야수」와의 상관성은 여기에서 끝난다. 동화에서는 미녀가 야수에게 입을 맞춘다. 성경에서는 미녀가 하는 일이 그 정도로 그치지 않는다. 야수를 미녀 되게 하시려 그분은 친히 야수가 되신다. 예수님이 우리와 자리를 바꾸신 것이다. 아담처럼 우리는 저주 아래 있었다. 그러나 예수님은 "우리를 위하여[우리 자리를 대신하여] 저주를 받은 바"(갈라디아서 3:13) 되셨다.

미녀가 야수에게 오지 않았다면 어떻게 됐을까? 미녀가 야수를 거들떠보지 않았다면? 그렇다면 우리는 영영 야수로 남아야 했을 것이다. 그러나 미녀는 왔다. 예수님이 오셨다. 그리고 우리에게 친히 관심을 가지셨다.

죄인들에게 성인聖人의 얼굴을 덧입게 하시려고 죄 없으신 분이 죄인의 얼굴을 입으셨다.

너의 어두운 면을
감당하겠다

스티브 핼리데이|Steve Halliday 엮음

깊은 생각

1. "저주가 임하면서 우리는 달라졌다. 짐승 같아졌다. 흉측해졌다. 반항적이 되었다. 분노를 품게 됐다. 우리는 해서는 안 되는 일인 줄 알면서도 그 일을 한다. 그리고 자신도 왜 그러는지 모른다."

   1) 저자가 말하는 "저주"란 무슨 사건을 가리키는가? 어떻게 그 사건이 모든 것을 달라지게 했는가?

   2) 당신의 "타락한 본성"은 어떤 상황에서 가장 잘 드러나는가?

   3) 당신의 마음에 허락된다면, 최근 당신이 해서는 안 되는 일을 해놓고 나중에서야 왜 그랬는지 어이가 없었던 사건을 얘기해 보라.

2. "그들은 그리스도를 초라하게 만듦으로 자기가 대단한 존재라도 되는 양 행동했다. 당신도 그런 적이 있는가? 침을 뱉지는 않았을지 모른다. 하지만 누군가를 험담한 일이 있는가? 비방한 일

은? 분노로 손을 쳐들거나 교만하게 눈을 굴린 일은 없는가?"

1) 다른 사람을 초라하게 만듦으로 자신이 대단한 존재처럼 보이려던 사람을 본 일이 있는가? 그에 대해 말해보라.

2) 저자의 질문들에 답해보라. 당신은 왜 그런 식으로 행동했는가? 그런 행동의 결과로 어떤 일이 벌어졌는가?

3) 그런 경험들은 당신의 성장과 변화에 어떤 도움이 되었는가?

3. "우리가 선을 행할 수 없다는 말이 아니다. 선도 행한다. 그보다는, 우리가 악을 행하지 않을 수 없다는 말이다. 신학적 용어로 우리는 '전적으로 타락한' 존재다. 하나님의 형상대로 지음 받았음에도 우리는 타락했다. 속이 부패했다. 존재의 중심부터 이기적이고 패역하다."

1) "전적인 타락"이라는 말을 당신 자신의 표현으로 정의해 보라.

2) 우리가 악을 행하지 않는 것이 불가능하다는 말을 당신은 믿는가? 설명해 보라.

3) 당신 자신 안에서 "존재의 중심부터 이기적이고 패역한" 모습을 처음 본 순간은 언제인가?

4. "돼지는 자기 여물통의 다른 돼지들을 둘러보며 이렇게 자신 있게 이야기할 수 있다. '난 누구 못지않게 깨끗해.' 그러나 인간에 견준다면 돼지는 도움이 필요한 상태다. 우리 인간도 하나님에 견준다면 똑같이 도움이 필요한 상태다. 무죄의 표준은 이 땅의 돼지 여물통이 아니라 하늘 보좌에 있다. 하나님 자신이 표준이다."

1) 왜 우리는 자신을 주변 사람들과 곧잘 비교할까? 이런 비교의 문제점은 무엇인가?

2) 하나님은 어떤 식으로 우리 행동의 표준이 되시는가?

3) 우리는 자신의 죄의 성향에 대해 "하늘 보좌"로부터 어떤 도움을 기대할 수 있을까?

5. "성경에서는 … 야수를 미녀 되게 하시려 그분이 친히 야수가 되신다. 예수님이 우리와 자리를 바꾸신 것이다."

1) "미녀"는 누구이며 "야수"는 누구인가?

2) "예수님이 우리와 자리를 바꾸신 것"이라는 저자의 말은 무슨 뜻인가?

3) 당신 안의 "야수"는 무엇인가? 하나님이 용서해 주셔야 하는 당신 안의 야수적 특성들은 무엇인가?

말씀 묵상

1. 시편 36편 1절, 51편 5절, 예레미야 17장 9절, 로마서 3장 10, 23절, 에베소서 2장 3절을 읽으라.

   1) 이 구절들이 우리 인간에 대해 동일하게 주장하는 내용은 무엇인가?

   2) 그 사실은 우리와 하나님과의 관계 그리고 다른 사람들과의 관계에 어떤 영향을 미치는가?

   3) 이 구절들은 어떤 식으로 우리를 "야수"로 묘사하고 있는가?

2. 예레미야 13장 23절과 로마서 8장 7절을 읽으라.

   1) 자신의 자원을 의지할 때 우리에게는 어떤 변화의 소망이 있는가?

2) "육신의 생각" 또는 "자신의 죄성에 지배받는" 생각이란 어떤 의미인가? 그런 상태의 결과는 무엇인가?

3. 로마서 6장 23절, 히브리서 12장 14절, 잠언 10장 16절을 읽으라.

   1) "죄의 삯"은 무엇인가?

   2) 거룩하게 살지 않는 자들에게는 무엇이 약속되어 있는가?

   3) 하나님은 "악인"에게 무엇으로 갚으시는가?

4. 갈라디아서 3장 13-14절을 읽으라.

   1) 예수님이 우리를 위해 하신 일은 무엇인가?

   2) 왜 그 일을 하셨는가?

   3) 그 일을 통해 그분이 성취하신 일은 무엇인가?

적용 실천

1. "전적으로 타락했다"는 표현이 너무 가혹하다고 생각하는 사람들이 있다. 그런 사람들에게 저자는 "지금부터 24시간 동안 죄를 짓지 않고 살아보라"고 도전한다. 실험을 해보자. 이번 주 중 하루를 택해 저자의 도전을 실행에 옮겨보라(노트를 가지고 다니며, 벌어지는 일들을 기록해 보라).

2. 홀로 집 안의 조용한 곳에 자리를 잡은 뒤 눈을 감고 예수님의 입장이 되어보라. 군병들이 그분을 괴롭히던 끔찍한 순간들로 직접 들어가 보라. 당신의 입가를 세게 후려치는 손길을 느껴보라. 잔인한 조롱과 비웃음을 상상해 보라. 뺨으로 떨어지는 침을 떠올려보라. 기분이 어떤가? 어떤 생각이 드는가? 예수님은 자신을 때리는 군병들을 위해서만 아니라 바로 당신을 위해 이 모든 일을 당하셨다는 사실을 기억하라. 당신을 위해 그런 참혹한 고난을 택하신 그분께 감사드리는 것을 잊지 말라.

3장

너처럼 될 만큼 너를 사랑했다

가시 면류관에 담긴 하나님의 약속

죄의 열매가 가시라면, 그리스도의 이마에 얹힌 가시 면류관은
그분의 마음을 찌른 우리들의 죄의 결과 아니겠는가?
죄의 결과는 무엇인가? 수치. 두려움. 치욕. 낙심. 불안.
우리의 마음은 이런 가시덤불에 얽혀 있지 않은가?

아버지께서는 모든 충만으로 예수 안에 거하게 하시고

골로새서 1:19

말씀이 육신이 되어 우리 가운데 거하시매 우리가 그의 영광을 보니
아버지의 독생자의 영광이요 은혜와 진리가 충만하더라

요한복음 1:14

나와 아버지는 하나이니라

요한복음 10:30

너희가 … 대속함을 받은 것은 은이나 금같이
없어질 것으로 된 것이 아니요 오직 흠 없고 점 없는
어린 양 같은 그리스도의 보배로운 피로 된 것이니라
그는 창세 전부터 미리 알린 바 되신 이나
이 말세에 너희를 위하여 나타내신 바 되었으니

베드로전서 1:18-20

그분은 우리의 진상과 문제를 완전히 이해하실 뿐 아니라
도덕적으로, 능동적으로, 궁극적으로 그것을 해결하셨다.

P. T. 포사이드Forsyth

유한한 시공에 들어오신 예수님

그리스도께서 이 땅에 오신 사건 중 가장 멋진 부분이 무엇인지 아는가? 성육신의 가장 놀라운 부분이 무엇인지 아는가?

무한한 영원을 유한한 달력과 바꾸신 것만이 아니다. 그 맞바꿈도 분명 주목할 만하긴 하지만 말이다.

하나님의 연수年數를 헤아릴 수 없다고 성경은 말한다(욥기 36:26). 첫 파도가 해안에 철썩이던 순간, 첫 별이 하늘에 피어나던 순간이라면 혹 찾을 수 있을지 몰라도 하나님이 하나님 되신 첫 순간만은 영원히 찾을 수 없다. 하나님이 하나님 아니셨던 순간이 존재하지 않기 때문이다. 그분은 존재하지 않은 적이 없다. 그분은 영원하다. 하나님은 시간에 매여 있지 않으시다.

그러나 예수님이 이 땅에 오시면서 모든 것이 달라졌다. 그분은 천국에서 한 번도 사용된 적이 없던 말을 처음으로 들으셨다. "때가 됐다." 아이일 때 그분은 성전을 떠나야 했다. 그분의 때가 됐기 때문이다. 어른이 되어 그분은 나사렛을 떠나셔야 했다. 때가 됐기 때문이다. 구주로서 그분은 죽으셔야 했다. 때가 됐기 때문이다. 33년 동안 천국의 백마가 시간의 울타리 안에 갇혀 사셨다.

정말 놀라운 일이다. 그러나 그보다 더 놀라운 일이 있다.

성육신의 보물상자에서 가장 빛나는 보석을 보기 원하는가? 당신은 그분이 육체로 사셨다는 점을 꼽을지도 모른다. 조금 전까지만 해도 무한한 영이셨던 그분이 한순간에 살과 뼈가 되셨다. 다윗 왕의 말을 기억하는가? "내가 주의 영을 떠나 어디로 가며 주의 앞에서 어디로 피하리이까 내가 하늘에 올라갈지라도 거기 계시며 스올에 내 자리를 펼지라도 거기 계시니이다 내가 새벽 날개를 치며 바다 끝에 가서 거주할지라도 거기서도 주의 손이 나를 인도하시며"(시편 139:7-10).

우리는 "하나님이 어디 계시냐?"고 묻지만 그것은 물고기가 "물이 어디 있느냐?"고 묻는 것과 같고 새가 "공기가 어디 있느냐?"고 묻는 것과 같다. 하나님은 어디에나 계신다! 중국에도 계시고 남아공에도 똑같이 계신다. 텍사스 사람들의 삶과 똑같이 아이슬란드 사람들의 삶에도 역사하고 계신다. 하나님의 다스림은 "바다에서부터 바다까지와 강에서부터 땅 끝까지"(시편 72:8) 이른다. 우리는 하나님이 계시지 않는 곳을 찾을 수 없다.

그런 하나님이 시간 속으로 들어와 인간이 되셨다. 무한하던 분이 유한해졌고, 육체에 갇혔다. 근육이 피곤해지고 눈꺼풀이 무거워지는 제약을 받으셨다. 한때 팔을 펼치면 끝이 없던 그분이 30년 넘도록 그저 팔 길이 하나만큼밖에 닿을 수 없게 되었다. 움직이시는 속도도 인간이 걷는 속도로 제한되었다.

궁금하다. 그분은 자신의 무한성을 되찾고 싶은 유혹을 느끼신 적이 있을까? 먼 길을 걸으실 때면 축지법이라도 써서 다른 도시로 날아가는 장면을 상상해 보셨을까? 비가 와 뼛속까지 오슬오슬할 때면 날씨를 바꿔버리고 싶은 유혹은 없으셨을까? 무더위에 입술이 타들어 갈 때면 카리브 해로 휙 날아가 잠시 열기를 식힐 생각은 없으셨을까?

그분이 그런 생각을 즐기셨을 리도 만무하거니와 거기에 굴복하신 적은 더욱 없다. 단 한 번도. 잠시 멈춰 생각해 보라. 그리스도는 자신의 초자연적 능력을 일신상의 안위를 위해 사용하신 일이 한 번도 없다. 말 한마디면 딱딱한 땅을 부드러운 침대로 바꾸실 수 있었지만 그렇게 하지 않으셨다. 손 한 번 까딱하면 군병들의 침을 부메랑처럼 그들의 얼굴로 되돌려 보내실 수 있었지만 그렇게 하지 않으셨다. 눈썹 한 번 치키면 가시 면류관을 엮는 군병의 손을 마비시킬 수 있었지만 그렇게 하지 않으셨다.

놀랍다. 하지만 이것이 그분이 오신 사건 중 가장 놀라운 부분일까? 많은 사람들이 그렇지 않다고 말할 것이다. 시공의 무한성을 포기하신 것도 놀랍지만 그보다 더 놀랍다고 말할 부분이 또 있다. 바로, 자신의 무죄를 항변하지 않고 죄를 지신 것이다. 이유는 쉽게 알 수 있다.

가시 면류관을 쓰신 가장 큰 이유

이것이 곧 가시 면류관의 메시지다.

한 무명의 병사가 가시가 돋칠 만큼 자랐으면서도 아직 낭창낭창하여 잘 휘어지는 나뭇가지를 꺾어 조롱의 면류관을 엮는다. 바로 가시 면류관이다.

성경 도처에서 가시는 죄가 아니라 죄의 결과를 상징한다. 에덴을 기억하는가? 아담과 하와가 죄를 지은 후 하나님은 땅을 저주하셨다. "땅은 너로 말미암아 저주를 받고 … 땅이 네게 가시덤불과 엉겅퀴를 낼 것이라 네가 먹을 것은 밭의 채소인즉"(창세기 3:17-18). 땅의 가시나무는 마음속 죄의 산물이다.

이 진리는 하나님이 모세에게 들려주신 말씀에도 메아리친다. 하나님은 이스라엘 백성들에게 가나안 땅의 가증한 거민을 몰아내라고 명하신다. 이 명령에 불순종한다면 고생이 뒤따를 것이다. "너희가 만일 그 땅의 원주민을 너희 앞에서 몰아내지 아니하면 너희가 남겨둔 자들이 너희의 눈에 가시와 너희의 옆구리에 찌르는 것이 되어 너희가 거주하는 땅에서 너희를 괴롭게 할 것이요"(민수기 33:55).

반역하는 죄도 가시를 낳는다. "패역한 자의 길에는 가시와 올무가 있거니와"(잠언 22:5). 예수님은 악인들의 삶을 가시나무에 비유하시기까지 했다. 그분은 거짓 선지자들에 대해 이렇게 말씀하셨다. "그들의 열매로 그들을 알지니 가시나무에서 포도를, 또는 엉겅퀴에서 무화과를 따겠느냐"(마태복음 7:16).

죄의 열매는 가시다. 뾰족하여 따끔따끔 아프게 찔러대는 가시.

가시가 '죄의 결과'라는 핵심을 재차 강조한다. 당신이 한 번도 생각해 보지 못했을 수 있는 사실을 지적하기 위해서다. 죄의 열매가 가시라면, 그리스도의 이마에 얹힌 가시 면류관은 그분의 마음을 찌른 우리들의 죄의 결과 아니겠는가?

죄의 결과는 무엇인가? 인류의 가시밭에 잠시 들어가 몇 가지 가시만 느껴보라. 수치. 두려움. 치욕. 낙심. 불안. 우리의 마음은 이런 가시덤불에 얽혀 있지 않은가?

그러나 예수님의 마음은 그렇지 않았다. 그분은 한 번도 죄의 가시에 찔리신 적이 없다. 당신과 내가 날마다 마주하는 것이 그분의 삶에는 전혀 없었다. 불안? 그분은 염려하신 적이 없다! 죄책감? 그분은 죄를 지으신 적이 없다! 두려움? 그분은 하나님의 임재를 떠나신 일이 없다! 예수님은 죄의 열매를 전혀 몰랐다. 우리 대신 죄가 되실 때까지는.

무죄한 그분이 우리 대신 죄가 되셨을 때, 죄의 모든 감정이 숲속의 어두운 그림자처럼 그분께 덮쳐왔다. 그분은 불안과 죄책과 고독을 느끼셨다. 그분의 기도 속에 그 심정이 느껴지지 않는가? "나의 하나님, 나의 하나님, 어찌하여 나를 버리셨나이까"(마태복음 27:46). 이것은 성인의 말이 아니다. 죄인의 부르짖음이다.

이 기도는 그분이 이 땅에 오신 사건에서 가장 놀라운 부분 중 하나다. 그러나 아직도 그보다 더 놀라운 일이 남아 있다. 무엇인지 알고 싶은가? 성육신의 가장 멋진 부분을 알고 싶은가?

별들로 구슬치기를 하시던 분이 그것을 포기하고 구슬로 구슬치기를 하셨지만 그 부분이 가장 멋진 것은 아니다. 은하수를 펼쳐놓으신 분이 그것을 포기하고 돈도 없으면서 닦달하는 까다로운 손님을 참으시며 문설주를 달아주셨지만 그 부분도 아니다.

아무것도 필요 없던 분이 한순간에 공기며 음식이며 지친 발을 풀어줄 뜨거운 물과 소금이 필요한 존재가 되셨지만, 무엇보다도 월급날 월급을 어디에 쓸 것인가보다 영원을 어디서 보낼 것인가에 더 관심 있는 사람을 찾아야 하는 존재가 되셨지만, 그 부분도 아니다.

그분이 마귀의 일을 하고 있다고 감히 입을 놀린 자칭 종교 파수꾼들에게 본때를 보여주고 싶은 충동을 거스르셨지만 그 부분도 아니다.

가장 가깝다는 여남은 명의 친구들이 배반하고 달아날 때도 끝까지 침착함을 잃지 않으셨지만 그 부분도 아니다. "주님,

고개만 한 번 끄덕여 주십시오. 말 한마디면 이 귀신들은 죄다 납작코가 될 것입니다" 하고 조르는 천사들에게 끝내 명령을 내리지 않으셨지만 그 부분도 아니다.

아담 이후의 모든 남녀 죄인들의 모든 죄를 대신 뒤집어쓰면서도 자기를 변호하지 않으셨지만 그 부분도 아니다. 천국의 법정에 무수한 유죄 판결이 울려 퍼지고 빛의 창조자가 죄인의 밤에 느껴지는 냉기 속에 버려질 때에도 여전히 침묵을 지키셨지만 그 부분도 아니다.

어두운 무덤에서 사흘을 보내신 후 환하게 웃으며 부활의 아침햇살 속으로 당당히 걸어 나와, 초라한 루시퍼에게 "그것이 네 제일 센 주먹이더냐?"고 물으셨지만 심지어 그 부분도 아니다.

그것도 멋지다. 말할 수 없이 멋지다.

그러나 천국의 면류관을 버리고 가시 면류관을 쓰신 그분의 가장 멋있는 부분이 무엇인지 알고 싶은가?

그분이 당신을 위해 이 모든 일을 하셨다는 사실이다. 바로 당신을 위해.

너처럼 될 만큼
너를 사랑했다

스티브 핼리데이|Steve Halliday 엮음

깊은 생각

1. "그런 하나님이 시간 속으로 들어와 인간이 되셨다. 무한하던 분
   이 유한해졌고, 육체에 갇혔다. 근육이 피곤해지고 눈꺼풀이 무
   거워지는 제약을 받으셨다. 한때 팔을 펼치면 끝이 없던 그분이
   30년 넘도록 그저 팔 길이 하나만큼밖에 닿을 수 없게 되었다.
   움직이시는 속도도 인간이 걷는 속도로 제한되었다."

   1) 무한성을 버리고 유한한 존재가 될 때 가장 어려운 부분은 무엇이라
      고 생각하는가? 그 이유는 무엇인가?

   2) 예수님이 죄가 없으면서도 완전한 인간이라는 사실이 당신에게는 쉽
      게 받아들여지는가? 설명해 보라.

   3) 예수님이 천국에서 누리시던 무한한 상태를 이 땅의 극도로 유한한
      상태와 바꾸신 것은 무엇 때문일까?

2. "성경 도처에서 가시는 죄가 아니라 죄의 결과를 상징한다. 에덴을 기억하는가? 아담과 하와가 죄를 지은 후 하나님은 땅을 저주하셨다 … 땅의 가시나무는 마음속 죄의 산물이다."

   1) 가시는 어떤 면에서 죄의 결과를 나타내는 상징물로 적합한가?

   2) 당신의 삶에서 경험한 "가시"에는 어떤 것들이 있는가?

   3) 예수님의 머리에 씌워진 가시를 왜 "면류관"이라고 불렀다고 생각하는가? 왜 그냥 "관"이나 "고리"가 아닐까?

3. "예수님은 죄의 열매를 전혀 몰랐다. 우리 대신 죄가 되실 때까지는. 무죄한 그분이 우리 대신 죄가 되셨을 때, 죄의 모든 감정이 숲속의 어두운 그림자처럼 그분께 덮쳐왔다. 그분은 불안과 죄책과 고독을 느끼셨다."

   1) 당신이 느꼈던 몇 가지 "죄의 감정"을 얘기해 보라.

   2) 예수님은 어떻게 우리의 죄로 인해 "불안"과 "죄책"과 "고독"을 느끼셨을까?

3) 죄는 왜 우리 안에 이런 고통스런 감정을 일으킬까?

4. "천국의 면류관을 버리고 가시 면류관을 쓰신 그분의 가장 멋있
   는 부분이 무엇인지 알고 싶은가? 그분이 당신을 위해 이 모든
   일을 하셨다는 사실이다. 바로 당신을 위해."

   1) 예수께서 "바로 당신을 위해" 천국의 면류관을 버리고 가시 면류관을
      쓰셨음을 생각할 때 당신의 기분은 어떤가?

   2) 당신을 위한 일이라는 것이 사실임을 어떻게 아는가?

말씀 묵상

1. 요한복음 19장 2-3절을 읽으라.

   1) 군인들이 한 일은 무엇인가?

   2) 왜 그런 일을 했을까? 그들이 얻으려 했던 것은 무엇일까?

   3) 예수님은 왜 이런 잔혹한 대우를 참고 견디셨을까?

2. 골로새서 1장 19절과 요한복음 1장 14절을 읽으라.

　　1) 두 구절이 예수님에 대해 가르쳐주는 바는 무엇인가? 그분의 인성에
　　　대해 그리고 그분의 거룩함에 대해 무엇을 말해주는가?

　　2) 예수님께 "은혜"와 "진리"가 충만했다는 말은 무슨 뜻인가?

3. 베드로전서 1장 18-20절을 읽으라.

　　1) 우리를 "대속" 또는 "사셨다"는 말은 어떤 의미인가?

　　2) 우리를 사는 데 든 "값"은 얼마인가?

　　3) 그리스도는 왜 세상에 "나타내신 바" 되었는가?

4. 마태복음 27장 45-46절을 읽으라.

　　1) 여기 나오는 "어둠"의 의미는 무엇인가?

　　2) 예수님은 왜 "크게 소리 질러" 말씀하셨는가?

3) 하나님은 왜 이 시점에서 예수님을 결국 버리셨는가?

4) 예수님의 절박한 부르짖음을 더 깊이 이해하기 위해 시편 22편을 읽으라.

적용 실천

1. 이번 주 중에 간단한 "현장 답사"를 해보자. 계절과 날씨가 적합하다면, 근처 들판으로 나가 가시를 "직접 가까이" 들여다보라. 몇 가지 종류의 가시를 찾아 조금씩 모아보라. 나뭇결을 매만지며 뾰족한 끝을 느껴보라. 가시가 구주 예수님의 두피를 찌르는 장면을 상상해 보라. 그리스도께서 당신을 위해 얼마나 큰 고생도 마다하지 않으셨는지 새삼 느끼며 새로운 깨달음을 얻도록 해보라.

2. 일주일 동안 예수께서 쓰셨던 가시 면류관을 묵상하며 새롭게 떠오르는 생각을 노트에 적어보라. 묵상한 내용을 친구와 나누면 더 좋다.

4장

너의 잘못을 용서한다

못에 담긴 하나님의 약속

예수님은 죄의 값이 사망임을 아셨다.

이 죄가 비롯된 곳이 당신임을 그분은 아셨다.

당신 없는 영원을 생각하실 수 없기에 그분은 못을 택하셨다.

우리의 모든 죄를 사하시고 우리를 거스르고 불리하게 하는
법조문으로 쓴 증서를 지우시고 제하여 버리사 십자가에 못 박으시고

골로새서 2:13-14

그리스도의 공로로 우리에게 은혜가 주어졌다고 말할 때 그것은 우리가
그의 피로 깨끗케 되었으며 그의 죽음이 우리를 죄에서 속하셨다는 뜻이다.

장 칼뱅John Calvin

차별이 없느니라 모든 사람이 죄를 범하였으매 하나님의 영광에
이르지 못하더니 그리스도 예수 안에 있는 속량으로 말미암아
하나님의 은혜로 값 없이 의롭다 하심을 얻은 자 되었느니라
이 예수를 하나님이 그의 피로써 믿음으로 말미암는 화목제물로 세우셨으니

로마서 3:22-25

단번에 모든 죄는 십자가에서 구속되고 타락은 완전히 지워졌다.
사단에 대한 모든 부채와 아담의 타락으로 내려졌던 모든 선고는
예수님의 못에 의해 찢겨지고 말소되고 폐기되었다.

진젠도르프 Nikolaus Ludwig von Zinzendorf 백작

셀 수 없는 실수의 목록

우리 가족이 살고 있는 집을 지은 건축가는 내게 이 집의 허점 목록을 적으라고 하지 말았어야 했다. 이 목록을 그에게 보여주기가 두렵다. 그는 우리에게 멋진 집을 지어준 숙련된 건축가이자 좋은 친구지만 이 집에는 몇 가지 문제가 있다.

이번 주까지만 해도 내 눈에는 그런 실수들이 보이지 않았다. 하긴 이번 주까지는 내가 이 집에 살지 않았으니까. 일단 입주하여 살게 되면 모든 흠이 눈에 띄기 마련이다.

"잘못된 부분이 있다면 다 적어주세요." 그는 내게 말했다.

'정 그렇다면' 나는 생각했다.

방문이 하나 잠기지 않는다. 다용도실 창문이 삐걱거린다. 아이들 방 화장실에 수건걸이가 없다. 서재 문에는 아예 손잡

이가 없다. 이미 말했듯이, 멋진 집이다. 하지만 목록은 자꾸만 길어진다.

건축가의 실수를 쭉 적다 보니 하나님이 내 실수를 적으시면 어쩌나 하는 생각이 들었다. 그분도 내 마음에 입주하여 사시지 않던가? 내 집의 흠이 내 눈에 보인다면 하나님은 내 안에서 어떤 것들을 보시겠는가. 오, 한없이 늘어갈 그분의 목록을 어찌 감히 상상이나 하랴.

기도실 문은 하도 사용하지 않아 경첩이 녹슬었다.

질투라는 이름의 난로는 펄펄 끓고 있다.

다락방은 겹겹이 쌓인 후회로 내려앉을 것만 같다.

지하실에는 웬 비밀이 그리 많은가.

하나님은 이 마음의 닫힌 문을 활짝 열어 비관적인 생각을 몰아내고 싶지 않으실까?

우리 연약함의 목록. 남들이 당신의 연약함의 목록을 보아도 좋은가? 목록을 대중 앞에 공개해도 좋은가? 그리스도를 포함해 만인이 볼 수 있도록 높은 곳에 게시된다면 당신의 기분은 어떨까?

정말 그렇게 게시됐던 순간으로 당신을 안내하고 싶다. 그렇다. 그곳에 당신의 실패 목록이 있었다. 그리스도께서 당신의 모든 단점을 적으셨고 그 목록은 대중에 공개됐다. 하지만 당신은 본 적이 없다. 나도 마찬가지다. 어째서일까?

나와 함께 갈보리 언덕으로 가보자. 거기에 그 이유가 있다.

죄를 지우시는 하나님의 손

군병들이 목수 예수님을 땅바닥에 쓰러뜨린 후 양팔을 벌려 나무 형틀에 갖다 대는 모습을 보라. 한 사람이 무릎으로 팔뚝을 누르고 대못으로 손을 누른다. 예수님은 고개를 돌려 못을 보신다. 군병이 망치를 들어 내려치려 한다.

예수님은 그를 제지하실 수 없었을까? 근육을 움직여서, 주먹을 움켜쥐면서 저항하실 수 있었다. 그분의 손은 바다를 잠잠케 하시던 바로 그 손이 아니던가? 성전을 깨끗케 하시던 손, 죽은 자를 불러 살리시던 그 손이 아니던가?

그러나 그 손으로 주먹을 움켜쥐지 않으신다. 그리하여 그 순간은 무산되지 않는다.

망치 소리가 울리자 살갗이 찢어진다. 피가 한두 방울 떨어지다가 이내 콸콸 흐른다. 여기서 의문이 생긴다. 왜? 왜 예수님은 저항하시지 않았을까?

"왜냐하면 우리를 사랑하셨으니까." 우리는 대답한다. 사실이다. 놀라운 사실이다. 그러나 이런 말을 해서 미안하지만, 이는 부분적인 사실일 뿐이다. 그분이 저항하지 않으신 데는 또 다른 이유가 있다. 그분은 무언가를 보셨다. 그것이 그분을 저항하지 않도록 만들었다. 군병이 그분의 팔을 누를 때 예수님은 고개를 그쪽으로 돌리셨다. 그렇게 뺨을 나무에 댄 채로 그분은 보셨다.

망치를? 맞다.

못을? 맞다.

군병의 손을? 맞다.

하지만 그것 말고도 더 있다. 그분은 하나님의 손을 보셨다. 겉으로 보기에는 인간의 손이었다. 목공의 긴 손가락. 목수의 굳은살이 박인 손바닥. 평범해 보인다. 그러나 절대 평범하지 않다.

그것은 한때 흙으로 아담을 빚고 돌판에 진리를 새겼던 손가락이다.

한 번의 손짓으로 바벨탑을 무너뜨리고 홍해를 갈랐던 손이다.

이집트를 괴롭혔던 메뚜기 떼와 엘리야를 먹였던 까마귀도 그 손에서 나왔다.

시편 기자가 해방을 노래하며 이렇게 선포한 것도 무리가 아니다. "주께서 주의 손으로 뭇 백성을 내쫓으시고 … 오직 주의 오른손과 주의 팔과 주의 얼굴의 빛으로 하셨으니"(시편 44:2-3).

하나님의 손은 능하신 손이다.

오, 예수님의 손이여. 태어나실 때는 성육신의 손. 치유하실 때는 해방의 손. 가르치실 때는 영감의 손. 섬기실 때는 헌신의 손. 죽으실 때는 구원의 손.

쾅쾅 망치질을 하는 목적은 그리스도의 손을 형틀에 매달기 위해서라고, 십자가 옆의 무리들은 그렇게 결론지었다. 그러나 이것은 절반만 맞는 말이었다. 다른 절반을 놓쳤다고 해서 그들을 탓할 수는 없다. 그들 눈에는 보이지 않았다. 그러나 예수님은 보셨다. 하늘도 보았고 우리도 볼 수 있다.

사람들은 놓쳤으나 예수님은 보셨던 그것을 우리도 성경의 눈을 통해 본다. "하나님께서는 우리를 거스르는 기록된 빚의 문서들을 우리 가운데서 취하셔서 그것들을 십자가에 못 박아 깨끗이 없애주셨습니다"(골로새서 2:14, 쉬운성경).

그분의 손과 나무 십자가 사이에는 길게 적힌 목록이 있었다. 우리의 실수가 담긴 목록. 우리의 정욕과 거짓말, 탐욕의 순간들과 방탕의 세월. 우리의 죄 목록 말이다.

당신의 죄가 조목조목 적힌 종이가 십자가에 달려 있다. 작년에 한 나쁜 결정들. 지난주에 가진 나쁜 태도들. 온 천지가 다 볼 수 있는 대낮의 그곳에 당신의 실수 목록이 걸려 있다.

내가 우리 집의 흠을 찾아내듯 하나님도 우리의 죄를 찾아내셨다. 그분은 우리의 잘못을 다 쓰셨지만 하나님이 쓰신 그 목록은 읽을 수 없다. 그 단어는 해독할 수 없다. 우리의 실수는 가려졌고, 죄는 숨겨졌다. 목록 윗부분에 적힌 죄들은 그분의 손에 가려졌고, 아래에 적힌 죄들은 그분의 피에 덮였다. 당신의 죄는 예수님에 의해 지워졌다. "하나님은 우리의 모든 죄를 용서해 주시고 우리에게 불리한 율법의 채무 증서를 십자가에 못 박아 없애버렸습니다"(골로새서 2:13-14, 현대인).

그분이 주먹을 움켜쥐지 않으신 이유가 바로 여기에 있다. 그분은 목록을 보셨다! 무엇이 그분의 저항을 막았는가? 당신의 실패가 적힌 이 증서, 바로 이 목록이다. 예수님은 죄의 값이 사망임을 아셨다. 이 죄가 비롯된 곳이 당신임을 그분은 아셨다. 당신 없는 영원을 생각하실 수 없기에 그분은 못을 택하셨다.

망치 자루를 쥐고 있던 손은 로마 보병의 손이 아니었다.

망치를 내리치게 한 힘은 성난 폭도가 아니었다.

사형 선고는 시기하는 유대인들의 결정이 아니었다.

예수님께서 친히 못을 택하셨다.

그렇게 예수님의 손은 활짝 펼쳐져 있었다. 행여 군병들이 머뭇거렸다면 예수님께서 친히 망치를 내리치셨을 것이다. 못 질은 그분의 전공이었다. 목수로서 그 기술을 훤히 꿰고 있었 다. 그리고 구주로서 못질의 의미를 분명히 아셨다. 자신의 희 생으로 가리고 자신의 피로 덮고자 당신과 나의 죄를 매다는 것, 그것이 못의 목적임을 그분은 아셨다.

그렇게 예수님은 친히 망치를 내리치셨다.

바다를 잔잔케 하셨던 손으로 당신의 죄를 잔잔케 하셨다.

성전을 깨끗케 하셨던 손으로 당신의 마음을 깨끗케 하셨다.

그 손은 하나님의 손이다.

그 못은 하나님의 못이다.

예수님의 손이 못 앞에 활짝 펼쳐질 때 천국 문도 당신 앞 에 활짝 열렸다.

너의 잘못을
용서한다

스티브 핼리데이Steve Halliday 엮음

깊은 생각

1. "남들이 당신의 연약함의 목록을 보아도 좋은가? 목록을 대중 앞에 공개해도 좋은가? 그리스도를 포함해 만인이 볼 수 있도록 높은 곳에 게시된다면 당신의 기분은 어떨까?"

 1) 저자의 질문에 각각 답해보라.

 2) 당신의 연약함의 목록이 당신 집 현관에 붙어 있다면, 방문자들이 어떤 반응을 보이리라고 생각하는가?

2. "당신의 죄가 조목조목 적힌 종이가 십자가에 달려 있다. 작년에 한 나쁜 결정들. 지난주에 가진 나쁜 태도들. 온 천지가 다 볼 수 있는 대낮의 그곳에 당신의 실수 목록이 걸려 있다."

 1) 그런 목록이 실제로 존재한다고 생각하는가?

2) 그런 목록이 존재한다면 당신의 기분은 어떨까?

3. "하나님이 쓰신 그 목록은 읽을 수 없다. 그 단어는 해독할 수 없다. 우리의 실수는 가려졌고, 죄는 숨겨졌다. 목록 윗부분에 적힌 죄들은 그분의 손에 가려졌고, 목록 아래에 있던 죄들은 그분의 피에 덮였다."

1) 하나님은 어떻게 당신의 "목록"을 덮으시는가?

2) 이 목록이 숨겨지고 가려졌다는 사실에 대해 당신의 기분은 어떤가? 왜 그런가?

4. "무엇이 그분의 저항을 막았는가? 당신의 실패가 적힌 이 증서, 바로 이 목록이다. 예수님은 죄의 값이 사망임을 아셨다. 이 죄가 비롯된 곳이 당신임을 그분은 아셨다. 당신 없는 영원을 생각하실 수 없기에 그분은 못을 택하셨다."

1) 당신의 실패 목록은 어떻게 예수님이 못 박히는 것에 저항하지 못하도록 했는가?

2) 죄의 값은 왜 죽음인가? 너무 가혹하지 않은가?

3) "예수님은 당신 없는 영원을 생각하실 수 없다"는 말을 듣고 당신의
   기분은 어떤가?

말씀 묵상

1. 사도행전 2장 22-24절을 읽으라.

   1) 베드로는 그리스도의 사역을 어떻게 묘사하고 있는가?

   2) 베드로에 의하면 그리스도를 "법 없는 자들"의 손에 넘겨준 것은 누
      구인가?

   3) 이 사건에서 못은 어떤 역할을 하고 있는가?

2. 골로새서 2장 13-14절을 읽으라.

   1) 하나님이 우리를 위해 하신 일은 무엇인가?

2) 그분은 그 일을 어떻게 성취하셨는가?

3) 하나님은 어떤 "증서"를 제하셨는가? 그 일은 어떻게 성취되었는가?

4) 우리 죄의 "증서"는 어떻게 십자가에 못 박혔는가?

3. 로마서 3장 22-25절을 읽으라.

1) "하나님의 영광에 이르지 못한다"는 말은 무슨 뜻인가? 누가 그렇게 되었는가?

2) "의롭다 하심을 얻는다"는 것은 무슨 뜻인가? 그것은 어떻게 성취되었는가?

3) 십자가에서 이루신 그리스도의 일을 받아들이는 데 믿음은 어떤 역할을 하는가?

4) 당신은 그리스도의 일을 믿음으로 받아들인 적이 있는가? 있다면, 언제 어떻게 그랬는가? 아니라면, 이유는 무엇인가?

적용 실천

1. 하나님이 그리스도 안에서 당신에게 베풀어주신 엄청난 용서를 조금이라도 실감해 보기 위해, 지난 이틀간 당신이 지었던 모든 죄를 종이에 적어보라. 가시 돋친 말, 무관심한 태도, 이기적인 행동 등 하나도 빼놓지 않도록 하라. 급히 서두르지 말고 최대한 철저히 목록을 만들어보라. 기억나는 모든 죄를 다 적었다고 생각되면 그 목록을 찢어버리라. 그리고 당신의 "모든 죄"를 용서하신 하나님께 감사하라!

2. 하나님의 무한하신 용서에 감사하는 한 가지 방법은 그분의 본을 따라 우리도 나에게 잘못한 사람들을 용서하는 것이다. 당신의 삶 속에 당신의 용서가 필요한 사람이 있는가? 당신이 "용서합니다."라고 말해야 할 대상이 있는가? 미루지 말라. 그 사람에게 다가가 그리스도의 사랑으로 용서를 베풀라.

5장

너의 언어로 말하겠다

죄패에 담긴 하나님의 약속

예수님의 머리 위에 왜 죄패를 붙였을까?

빌라도는 죄패를 통해 유대인들을 위협하고 조롱하려 했다.

그러나 하나님께는 다른 뜻이 있었다.

빌라도는 복음 전파를 위한 하나님의 도구였다.

빌라도가 패를 써서 십자가 위에 붙이니
나사렛 예수 유대인의 왕이라 기록되었더라

요한복음 19:19

그러므로 믿음은 들음에서 나며
들음은 그리스도의 말씀으로 말미암았느니라

로마서 10:17

확신컨대 내가 설교나 말씀 봉독을 위해
강단에 올라설 때 그것은 내 말이 아니다.
내 혀는 이미 준비된 저자의 도구일 뿐이다.

마르틴 루터Martin Luther

때때로 놓치는 신호

결혼하기 오래전부터 나는 배우자가 보내는 신호를 읽는 일이 얼마나 중요한지 알고 있었다. 아내의 말 없는 표현을 알아차리는 남자, 고갯짓에 주목하고 몸짓을 분별하는 남자는 지혜롭다. 몸짓의 내용만 깨닫는 것이 중요한 게 아니다. 방법도, 시기도, 장소도 빼놓을 수 없이 중요하다. 남편 노릇을 잘한다는 것은 암호를 잘 해독한다는 것이다. 신호를 잘 읽어야 한다.

마이애미에서 보낸 그 주말, 나는 내가 꽤 잘하고 있는 줄 알았다. 아내와 나는 결혼한 지 몇 달 안 되어 집에 손님을 초대했다. 주일 설교 외부 강사를 우리 집에 모셔 토요일 밤을 묵게 한 것이다. 상대가 한낱 편한 대학 동창이 아니었기에 나로서는 다소 모험이었다. 그는 나이가 지긋하고 유명한 교수였다. 그것도 보통 교수가 아니라 가족관계를 전공한 교수였다. 맙소사! 갓 시작한 가정이 가정 문제 전문가를 모시다니!

손님이 온다는 말에 데닐린은 내게 신호를 보냈다. 처음에는 말로 하는 신호였다. "집 좀 치워야겠어요." 그리고 금요일 밤, 아내는 내게 두 번째 신호를 보냈다. 이번에는 말 없는 신호였다. 아내는 무릎 꿇고 앉아 바닥을 닦았다. 꽤 훌륭하게도 나는 두 개의 신호를 조합해 메시지를 해독한 다음 소파에서 일어났다.

'어떻게 도와줄까?' 나는 생각했다. 본래 단순노동에 달려드는 사람이 못 되는지라 먼지를 털거나 진공청소기를 돌리는 일 말고 뭔가 좀 더 그럴 듯한 일을 생각해 보았다. 열심히 생각한 끝에 내가 할 수 있는 완벽한 일이 떠올랐다. 액자에 사진을 끼우는 것이었다. 결혼 선물로 받은 콜라주 액자가 있었는데 사진을 끼우기는커녕 아직 이삿짐에서 꺼내지도 않았던 터였다. 하지만 오늘 밤으로 모든 것이 달라지리라.

나는 곧 일에 착수했다. 뒤에서는 아내가 마룻바닥을 닦고 있고 옆에는 정돈되지 않은 침대가 있었지만 나는 상자에 든 사진을 쏟아놓고 액자에 요리조리 맞춰보기 시작했다(무슨 생각으로 그랬는지 나도 모르겠다. 손님한테 이렇게 말하려던 것이었을까? "바닥에 어질러진 빨래를 밟고 이 사진이나 좀 보시지요").

나는 아내의 메시지를 놓친 것이다. 데날린은 지옥마저 얼어붙게 만들 만큼 찬바람 부는 목소리로, 내게 뭘 하고 있는 거냐고 물었다. 그때도 나는 메시지를 놓치고 말았다. "액자에 사진을 끼우고 있지요." 나는 즐겁게 대답했다. 그 후로 30여 분 동안 아내는 말이 없었다. 문제없었다. 이렇게 자상한 남편을 주신 하나님께 감사 기도라도 드리는 줄 알았다. '다음엔 앨범에 넣을 사진도 정리해 주겠구나.' 그런 생각을 하고 있을 줄 알았다.

그러나 아내의 생각은 달랐다. 아내의 입에서 그날 저녁 최후 통보가 떨어지고 나서야 나는 처음으로 뭔가 잘못돼 가고 있다는 낌새를 알아차렸다. 아내는 온 집 안을 혼자서 다 닦고 난 후 이렇게 선포했다. "나 먼저 잘게요. 화가 치밀어 오르는 군요. 이유는 내일 아침에 말하죠."

세상에! 우리는 때로 신호를 놓친다(선량한 남성 독자들 중에 아직도 무슨 말인지 몰라 "데날린이 왜 화난 건데요?" 하고 묻는 이들이 있다. 친구여, 머잖아 알게 된다. 반드시 알게 된다).

놓치지 말아야 할 신호, 예수의 죄패

우리 운명의 주인은 우리의 우둔함을 잘 아신다. 하나님은 우리가 때로 신호를 놓친다는 것을 아신다. 그분이 우리에게 그토록 많은 신호를 주신 것도 그래서일지 모른다. 홍수 이후의 무지개는 하나님의 언약을 보여준다. 할례는 이스라엘 백성이 하나님의 선민임을 보여준다. 별들은 그분의 집이 얼마나 큰지 보여준다. 오늘도 우리는 교회에서 신호들을 본다. 성찬식은 예수님의 죽음의 신호이며 세례는 우리의 영적 출생의 신호다. 각 신호마다 깊은 영적 진리를 상징적으로 보여준다.

그러나 가장 매서운 신호는 십자가 위에 있다. 로마인의 명령에 따라 손으로 써넣은 3개 국어의 신호. 죄패.

빌라도가 패를 써서 십자가 위에 붙이니 나사렛 예수 유대인의 왕이라 기록되었더라 예수께서 못 박히신 곳이 성에서 가까운 고로 많은 유대인이 이 패를 읽는데 히브리와 로마와 헬라말로 기록되었더라 유대인의 대제사장들이 빌라도에게 이르되 유대인의 왕이라 쓰지 말고 자칭 유대인의 왕이라 쓰라 하니 빌라도가 대답하되 내가 쓸 것을 썼다 하니라 ___ 요한복음 19:19-22

예수님의 머리 위에 왜 죄패를 붙였을까? 그 표현이 왜 유대인들의 심기를 건드렸으며, 빌라도는 왜 고치지 않았을까? 죄패는 왜 3개 국어로 기록되었고 사복음서에 모두 언급되어 있을까?

이런 질문에 가능한 답이 많겠지만 그중 하나에 초점을 맞추자. 이 나무 조각이 하나님의 헌신을 나타내는 그림은 아닐까? 자신의 아들 얘기를 온 세상에 들려주시고 싶은 그분의 열정을 상징하는 것 아닐까? 죄패의 메시지를 당신에게 알리기 위해서라면 하나님이 못하실 일이 없음을 일깨워 주는 장치가 아닐까? 이 죄패에는 온 세상에 다가가시려는 하나님의 열망에 대해 두 가지 진리가 담겨 있다고 생각한다.

하나님이 사용하시지 못할 사람은 아무도 없다!

이 죄패로 인해 즉각 열매가 맺힌 사실에 주목하라. 예수님의 곁에 있던 한 강도의 반응을 기억하는가? 운명의 순간을 눈앞에 두고 고통의 격랑 속에서 그는 고개를 돌려 이렇게 말한다. "예수여 당신의 나라에 임하실 때에 나를 기억하소서"(누가복음 23:42).

얼마나 흥미로운 단어의 선택인가. 그는 이렇게 애원하지 않았다. "나를 구원해 주소서." 이렇게 구하지도 않았다. "내 영혼에 자비를 베푸소서." 그의 호소는 종이 왕에게 올리는 호소다. 왜? 왜 그는 '예수님의 나라'를 언급했을까? 전에 예수님의 말씀을 들었을 수도 있다. 예수님이 주장하신 내용을 알고 있었을 수도 있다. 그러나 그보다는 죄패를 읽었을 가능성이 더 높다. "나사렛 예수 유대인의 왕."

누가복음의 기자인 누가는 강도가 죄패를 읽은 것과 예수님께 기도한 것을 서로 연결하는 듯한 인상을 주고 있다. 누가는 그 대목을 이렇게 쓰고 있다. "그의 위에 이는 유대인의 왕이라 쓴 패가 있더라"(누가복음 23:38). 그로부터 불과 넉 절 만에 강도의 간구가 등장한다. "예수여 당신의 나라에 임하실 때에 나를 기억하소서"(누가복음 23:42).

강도는 자신이 큰[royal] 곤경에 처한 것을 안다. 그래서 고개를 돌려 왕[royal]의 선포를 읽고는 왕의 도움을 청한다. 정말 그렇게 단순한 일이었을 수 있다. 과연 그랬다면, 죄패는 십자가의 메시지를 전하는 데 사용된 최초의 도구이다. 그 뒤로 무수히 많은 도구가 뒤따랐다. 인쇄술, 라디오, 대형 경기장에서의 전도 집회, 그리고 당신이 지금 들고 있는 책. 그러나 그 모든 것에 앞서 조잡한 나무패가 있었다. 그 죄패로 인해 한 영혼이 구원받았다. 이 일은 전적으로 누군가 십자가 위에 죄패를 붙여놓았기 때문에 벌어졌다.

천국에 가면 천사들이 입국 면담을 하는지 잘 모르겠지만 만일 그런 것이 있다면 이 강도와의 면담은 사뭇 재미있을 것이다. 천국 입국을 심사하는 진주 문 앞에 강도가 도착했다고 생각해 보라.

천사 앉으세요. 미스터… 어… 강도님, 말해보세요. 어떻게 구원받게 됐습니까?

강도 예수님께 그 나라에 임하실 때 나를 기억해 달라고 부탁한 것뿐입니다. 이렇게 빨리 이루어질 줄은 몰랐지요.

천사 그렇군요. 그분이 왕이신 줄은 어떻게 알았습니까?

강도 그분의 머리 위에 "나사렛 예수 유대인의 왕"이라 쓰인 패가 걸려 있었거든요. 그저 거기 쓰여 있는 대로 믿었을 뿐인데… 이렇게 여기 와 있지 뭡니까!

천사 (수첩에 적으면서) 그… 패에 쓰인 대로… 믿으셨다….

강도 맞습니다. 요한이라는 사람이 거기다 패를 붙여놓았지요.

천사 그렇지 않을걸요.

강도 다른 제자가 그랬던가요? 베드로라는.

천사 아니오. 베드로도 아닙니다.

강도   그런 어떤 사도가 걸었단 말이오?

천사   알고 싶다면 말씀드리지요. 죄패는 빌라도의 아이디어였습니다.

강도   설마? 빌라도가요?

천사   놀라지 마세요. 하나님은 모세를 부르실 때 떨기나무를 사용하셨고 선지자를 책망하실 때 나귀를 사용하셨습니다. 요나의 시선을 끄실 때는 큰 물고기를 사용하셨지요. 하나님이 사용하시지 못할 사람은 아무도 없답니다. 자, 됐습니다. (종이에 도장을 찍는다) 이것을 가지고 다음 창구로 가십시오. (강도가 그 방을 나선다) 이번에도 팻말만 따라가시면 됩니다.

빌라도는 복음을 전할 뜻이 없었다. 사실 죄패의 내용은 이런 것이었다. "유대인의 왕의 결말이 이것이다. 로마인들은 그를 이렇게 처치한다. 이 나라의 왕은 노예다. 십자가에 못 박힌 죄인이다. 왕이 이렇다면 그런 왕을 둔 나라는 어떻겠는가?"[1] 빌라도의 의도는 죄패를 통해 유대인들을 위협하고 조롱하려던 것이었다. 그러나 하나님께는 다른 뜻이 있었다. 빌라도는 복음 전파를 위한 하나님의 도구였다. 그는 자신도 모르게 천국의 서기가 되었다. 하나님의 말씀을 죄패에 받아 적었다. 그리고 그 죄패는 한 독자의 운명을 바꿔놓았다.

하나님이 사용하시지 못할 사람은 아무도 없다.

C. S. 루이스Lewis의 사연도 그렇다. 루이스 없는 20세기를 생각할 수 없다. 이 옥스퍼드대학교 교수는 성인이 되어 그리스도께 돌아왔다. 그의 펜을 통해 수없이 많은 사람들이 그리스도께 돌아왔다. 루이스보다 독자층이 넓고 영적 통찰력이 깊은 작가는 찾아보기 어렵다. 그리고 루이스를 그리스도께 인도한 사람보다 더 특이한 전도자도 찾아보기 어려울 것이다.

그에게는 루이스를 전도할 의도가 없었다. 신자가 아니었기 때문이다. 그의 이름은 T. D. 웰던Weldon이었다. 웰던과 루이스는 둘 다 불가지론자였다. 한 전기 작가에 따르면 웰던은 모든 신앙 고백문과 거의 모든 긍정적 주장을 비웃었다. 루이스는 이렇게 썼다. "웰던은 자기가 모든 것을 간파했으며 가장 든든한 기초 위에 살아가고 있는 줄로 믿고 있다." 웰던은 지적이고 냉소적인 불신자였다. 그런 웰던이 어느 날, 루이스의 인생 행로를 뒤바꿔 놓는 발언을 하게 된다. 웰던은 마침 복음서를 변호하는 한 신학자의 글을 연구하던 중이었다. "허튼 소리 같으니라고." 그는 (영국인만이 할 수 있는 방식으로) 그렇게 토를 달았다. "하나님이 죽는다는… 또 그 얘기. 꼭 진짜 있었던 일처럼 말이오." 루이스는 자신의 귀에 들려온 말이 믿기지 않았다. 처음에는 웰던이 술에 취한 줄 알았다. 그 말, 아무렇게나 무심코 내뱉은 그 말을 통해 루이스는, 예수의 자기주장이 정말 사실일 수도 있겠다는 생각을 하게 되었다.[2]

한 강도는 그리스도를 배척한 사람에 의해 그리스도께 인도되었다. 한 학자는 그리스도를 믿지 않는 사람에 의해 그리스도께 인도되었다.

하나님이 사용하시지 못할 사람은 아무도 없다. 그리고,

하나님이 말씀하시지 못할 언어는 하나도 없다.

그곳을 지나가는 모든 사람은 죄패를 읽을 수 있었다. 당대의 3대 주요 언어인 히브리어, 라틴어, 헬라어 중 하나는 읽을 줄 알았기 때문이다. "이스라엘의 언어 히브리어는 종교의 언어였다. 로마의 언어 라틴어는 법률과 정치의 언어였다. 그리스의 언어 헬라어는 문화의 언어였다. 그리스도는 이 모든 언어로 왕으로 선포되었다."[3] 하나님은 각 사람에게 각 언어로 전하실 메시지가 있었다. "그리스도는 왕이다." 메시지는 같았다. 그러나 언어는 달랐다. 예수님은 모든 백성들의 왕이셨기에 메시지는 모든 백성들의 언어로 전해져야 했다.

하나님이 사용하시지 않을 언어는 하나도 없다. 거기서 우리에게 반가운 의문이 생긴다. 그분은 당신에게 무슨 언어로 말씀하고 계신가? 숙어나 방언을 말하는 게 아니라 당신의 일상생활에 대한 이야기를 말하는 것이다. 하나님은 말씀하신다. 그것도 우리가 알아들을 만한 언어로 말씀하신다.

'풍요의 언어'로 말씀하실 때도 있다. 당신은 지금 배부른가? 빚을 다 갚았는가? 주머니가 제법 두둑한가? 좀 가졌다고 너무 뽐내지 말라. 그러다 꼭 들어야 할 말을 놓칠 수 있다. 당신이 많이 가진 것은 그만큼 많이 주라는 뜻은 아닐까? "하나님이 능히 모든 은혜를 너희에게 넘치게 하시나니 이는 너희로 모든 일에 항상 모든 것이 넉넉하여 모든 착한 일을 넘치게 하게 하려 하심이라"(고린도후서 9:8).

하나님이 '풍요의 언어'로 말씀하고 계신가? 아니면 '궁핍의 언어'를 듣고 있는 중인가? 물론 우리야 하나님이 풍요의 언어로 말씀하시기를 원하지만 그분은 언제나 그러시지는 않는다.

내게도 하나님이 궁핍의 언어를 사용해 메시지를 들려주시던 때가 있었다. 큰아이 제나가 태어났을 때 의료보험 혜택을 전혀 받을 수 없었다. 어쩌다 그렇게 됐는지는 모르겠다. 제나는 우리 부부가 브라질에 머무는 동안 태어났는데 의료보험 회사는 미국에 있었기 때문에 일이 그렇게 된 것 같다. 데닐린과 나는 3.6킬로그램의 딸아이를 낳은 기쁨과 함께 2,500달러의 병원비 청구서의 부담을 떠안게 되었다.

우리는 모아둔 돈을 다 털어 병원비를 냈다. 병원비를 다 지불할 수 있어 감사했지만 보험 처리가 되지 않은 문제는 여전히 아리송했다. "하나님이 우리에게 뭔가 말씀하시려는 것일까?"

몇 주 후 응답을 얻었다. 나는 플로리다의 한 작고 행복한 교회에서 열리는 수련회 강사로 가게 됐다. 말씀을 전한 후, 교인 한 명이 내게 봉투를 건네며 말했다. "가족들을 위해 쓰세요." 그런 선물은 자주 있는 일이었다. 우리는 그런 자발적인 헌금에 익숙해 있었고 늘 감사했다. 액수는 대개 50달러에서 100달러 선이었다. 이번에도 비슷한 액수이려니 생각했다. 그러나 봉투를 열어보니 (감 잡았겠지만) 2,500달러짜리 수표였다.

궁핍의 언어를 통해 하나님은 내게 이렇게 말씀하시는 것 같았다. "맥스, 내가 너의 삶을 함께 살고 있다. 내가 널 돌봐주마."

당신도 '궁핍의 언어'를 듣고 있는가? 아니면 '아픔의 언어'는 어떤가? 이거야말로 우리가 한사코 피하려 드는 언어다. 하지만 병원 복도와 병상에서 들려오는 하나님의 말씀이 얼마나 선명한지 당신도 알고 나도 안다. "*그가 나를 … 누이시며*"(시편 23:2)라고 고백한 다윗의 말이 무슨 뜻인지 우리는 안다. 몸이 병약할수록 우리는 천국을 향해 귀를 기울이게 된다.

하나님은 모든 언어로 말씀하신다. 거기엔 당신의 언어도 포함된다. 그분은 "내가 네 갈 길을 가르쳐 보이고"(시편 32:8)라고 약속하시지 않았던가? 성경은 우리에게 "하나님의 입에서 교훈을 받고"(욥기 22:22) 살라 하시지 않았던가? 하나님은 지금 당신에게 어떤 언어로 말씀하고 계신가?

말씀하고 계시다니 얼마나 다행인가? 당신을 대화 상대로 삼아주신다니 감사하지 않은가? "여호와의 친밀하심이 그를 경외하는 자들에게 있음이여 그의 언약을 그들에게 보이시리로다"(시편 25:14). 이 사실을 아는 것은 얼마나 기쁜 일인가?

우리 작은아버지 칼^{Carl}은 자기에게 말을 거는 사람이 있다는 사실에 감사했다. 그는 어려서 홍역을 앓은 이후 청각과 언어 기능을 상실했다. 60년이 넘도록 거의 한평생 차가운 침묵 속에 사셨다. 그의 언어로 말하는 사람은 거의 없었다.

우리 아버지는 작은아버지의 언어를 사용하는 몇 안 되는 사람 중 한 명이었다. 형으로서 동생을 보호해야 한다고 생각했기 때문이었는지도 모른다. 할아버지가 돌아가신 후 집안의 아버지 역할을 해야 한다고 느끼셨는지도 모른다. 이유야 어찌

됐든 아버지는 수화를 배우셨다. 아버지는 배움에 열의가 있는 분이 아니었다. 고등학교도 마치지 못했고 대학에 가지도 않았다. 스페인어나 불어를 배울 필요성을 느끼신 일도 없다. 그런 아버지가 시간과 공을 들여 동생의 언어를 배우셨다.

아버지만 방에 들어오면 작은아버지는 얼굴이 밝아졌다. 두 분은 열심히 손을 놀리며 즐거운 시간을 보냈다. 작은아버지의 고맙다는 말은 한 번도 듣지 못했지만(말하실 수 없으니까) 그 만면에 머금은 미소만 보아도 마음속에 있는 고마움을 알고도 남았다. 우리 아버지는 동생의 언어를 배우셨다.

당신의 아버지도 당신의 언어를 배우셨다. "천국의 비밀을 아는 것이 너희에게는 허락되었으나"(마태복음 13:11). 그분께 감사드리는 것이 당연하지 않겠는가? 감사와 아울러, 하나님이 당신에게 보내고 계신 신호를 혹 당신이 놓치고 있지는 않은지 여쭈어보라.

방 청소에 대한 아내의 메시지를 놓치는 것과 당신의 삶의 운명에 대한 하나님의 메시지를 놓치는 것은 완전히 다른 일이다.

너의 언어로
말하겠다

스티브 핼리데이|Steve Halliday 엮음

깊은 생각

1. "아내의 말 없는 표현을 알아차리는 남자, 고갯짓에 주목하고 몸짓을 분별하는 남자는 지혜롭다. 몸짓의 내용만 깨닫는 것이 중요한 게 아니다. 방법도, 시기도, 장소도 빼놓을 수 없이 중요하다. 남편 노릇을 잘한다는 것은 암호를 잘 해독한다는 것이다. 신호를 잘 읽어야 한다."

   1) 당신이 결혼했다면, 당신은 배우자의 "말 없는 표현"을 아는가? 안다면, 몇 가지 예를 들어보라. 당신은 그것을 어떻게 배웠는가?

   2) 자신의 말 없는 표현에 대해 얘기해 보라. "혼자 있고 싶다"는 말은 어떤 제스처로, "상처받았다"는 말은 어떤 억양으로 표현되는가?

2. "이 나무 조각이 하나님의 헌신을 나타내는 그림은 아닐까? 자신의 아들 얘기를 온 세상에 들려주시고 싶은 그분의 열정을 상징하는 것 아닐까? 죄패의 메시지를 당신에게 알리기 위해서라면

하나님이 못하실 일이 없음을 일깨워 주는 장치가 아닐까?"

1) 십자가의 죄패는 어떤 면에서 "하나님의 헌신을 나타내는 그림"인가?

2) 그 죄패는 세상에 어떻게 예수님 얘기를 들려주는가? 죄패의 내용은 무엇인가?

3) 당신에게 사랑을 알리시기 위해 하나님은 "못하실 일이 없었다." 당신에게는 그분의 노력이 어떻게 나타났는가?

3. "이 죄패에는 온 세상에 다가가시려는 하나님의 열망에 대해 두 가지 진리가 담겨 있다."
   • 하나님이 사용하시지 못할 사람은 아무도 없다.
   • 하나님이 말씀하시지 못할 언어는 하나도 없다.

1) 하나님은 어떤 사람을 사용하셔서 당신에게 다가오셨는가?

2) 하나님은 어떤 언어를 사용하셔서 당신에게 다가오셨는가?

3) 하나님은 당신을 사용하셔서 사람들에게 다가가기 원하실지도 모른다. 그 사람들은 누구일까? 그들에게 어떤 "언어"로 말해야 할까?

4. "빌라도의 의도는 죄패를 통해 유대인들을 위협하고 조롱하려던 것이었다. 그러나 하나님께는 다른 뜻이 있었다. 빌라도는 복음 전파를 위한 하나님의 도구였다."

1) 빌라도는 죄패를 통해 어떻게 유대인들을 위협하고 조롱하려 했는가?

2) 빌라도는 어떻게 복음 전파를 위한 하나님의 도구가 되었는가?

3) 당신의 삶에서, 하나님이 인간의 악한 의도를 사용하셔서 자신의 거룩한 뜻을 이루신 경우를 얘기해 보라.

5. "하나님은 지금 당신에게 어떤 언어로 말씀하고 계신가?"
• 풍요의 언어
• 궁핍의 언어
• 아픔의 언어

1) 저자가 말하는 "풍요의 언어"란 무슨 뜻인가?

2) "궁핍의 언어"를 설명해 보라.

3) "아픔의 언어"에 대한 당신의 정의는 무엇인가?

4) 하나님이 당신에게 자주 말씀하시는 언어는 무엇인가?

말씀 묵상

1. 요한복음 19장 19-22절을 읽으라.

1) 십자가에 붙은 죄패는 누가 썼는가?

2) 죄패에는 뭐라고 쓰여 있는가?

3) 죄패의 메시지를 전달하는 데 어떤 언어들이 사용되었는가?

4) 대제사장들은 죄패에 어떤 반응을 보였는가? 그 이유는 무엇인가?

5) 빌라도는 대제사장들에게 뭐라고 대답했는가? 그 이유는 무엇인가?

2. 누가복음 23장 38-43절을 읽으라.

1) 예수님과 함께 십자가에 달린 행악자 중 하나는 그분께 뭐라고 말했는가? 왜 그렇게 말했을까?

2) 다른 행악자는 예수님께 어떤 반응을 보였는가? 왜 그랬을까?

3) 두 번째 행악자에게 예수님의 십자가에 붙은 죄패가 도움이 됐을 수
도 있다. 42절에서 어떤 단서를 찾을 수 있는가?

4) 예수님은 두 번째 행악자의 요청에 어떻게 응하셨는가?

3. 로마서 10장 17절을 읽으라.

1) 믿음은 어디에서 나는가?

2) "그리스도의 말씀"이란 무엇을 뜻하는가?

3) 이 말씀에 의하면 당신은 어떻게 다른 사람을 그리스도께 인도할 수
있는가? 그런 특권을 누린 적이 있다면 나누어보라.

4. 고린도전서 9장 22절을 읽으라.

1) 바울은 다른 사람들에게 그리스도를 전하기 위해 어떤 방법들을 사
용했는가?

2) 각 개인에게 적합한 "언어"를 사용하여 그리스도를 전하는 것에 대해 이 구절은 우리에게 무엇을 가르쳐주고 있는가?

3) "여러 모습이 되었다"는 바울의 말은 무슨 뜻인가? 이로 미루어 우리는 전도할 때 무엇에 힘써야 할까?

적용 실천

1. 당신이 아는 사람 중 아직 마음속에 그리스도를 영접하지 않은 사람들의 이름을 열 명만 적어보라. 하나님이 누구든지 믿는 자에게, 특히 당신에게 문을 열어주셔서 각 사람에게 예수님을 소개할 수 있게 해달라고 이번 주부터 기도를 시작하라. 그리고 그들에게 그리스도의 사랑을 전할 기회를 찾아보라.

2. 사도행전을 간략히 들여다보라. 사도들이 구원받지 못한 사람들에게 그리스도를 전하기 위해 어떤 방법들과 기회들을 사용하고 있는지 살펴보라. 그들은 어떤 방법들을 사용했는가? 사도행전에서 하나님은 사람들을 자신께로 오게 하기 위해 어떤 종류의 "언어"들을 사용하셨는가?

6장

너에게 선택권을 주겠다

두 십자가를 통한 하나님의 약속

그리스도 옆에 왜 십자가가 두 개인지 생각해 본 적 있는가?

예수님이 왜 가운데 있는지 생각해 본 적 있는가?

두 십자가는 선택권이라는 선물을 상징하고 있는 것 아닐까?

그들이 거기서 예수를 십자가에 못 박을새
다른 두 사람도 그와 함께 좌우편에 못 박으니 예수는 가운데 있더라

요한복음 19:18

감옥이 흔들리고 감옥 문이 열렸지만
우리가 감방을 떠나 자유의 빛 속으로 나아가지 않는 한
우리는 실제로 아직 풀려나지 않은 것이다.

도널드 블로쉬Donald Bloesch

십자가의 나무 위에서 세상은 단번에 구원받았다.
그러나 믿지 않는 사람은 끝내 구원을 얻지 못할 것이다.
구주를 영접하지 않을 것이기 때문이요
다시 타락하여 아담의 타락을 되풀이하기 때문이다.

진젠도르프 백작

생명의 선택 vs. 사망의 선택

무대의 거장 에드윈 토마스Edwin Thomas를 만나보라. 작달막한 키에 쩌렁쩌렁한 목소리의 그는 1800년대 후반에 단연 독보적인 존재였다. 열다섯 살에 「리처드 3세」로 데뷔한 그는 단시일 내에 셰익스피어 희곡의 최고의 배우로 자리를 굳혔다. 뉴욕에서는 100일 연속 「햄릿」을 공연하기도 했다. 런던에서 그는 까다롭기로 유명한 영국 비평가들의 인정을 받았다. 무대에 올려진 비극에 관한 한 에드윈 토마스는 선택받은 존재였다.

삶의 비극에 대해서도 마찬가지라 말할 수 있다.

에드윈에게는 존과 주니어스라는 두 형제가 있었다. 에드윈만큼 거장은 아니었지만 그들 모두 배우였다. 1863년, 삼 형제는 재능을 한데 모아 「줄리어스 시저」를 공연했다. 에드윈의 형제 존이 브루투스 역을 맡았다는 사실은 그로부터 2년 후 삼 형제, 그리고 미국 앞에 기다리고 있는 비극의 불길한 전조와 도 같았다.

「줄리어스 시저」에서 암살범 브루투스 역을 맡은 존은 포 드 극장에서 일어난 살인 사건의 암살범 존과 동일 인물이었 다. 1865년 4월 그 청명한 밤, 존은 워싱턴 극장의 한 칸막이 관람석 뒤편으로 몰래 숨어 들어가 에이브러햄 링컨의 머리에 총을 쏘았다. 그렇다. 삼 형제의 성은 부스였다. 에드윈 토마스 부스와 존 윌크스 부스.

그날 밤 이후 에드윈의 삶은 달라졌다. 형제의 범행이 부끄 러워 무대에서 은퇴했다. 뉴저지 주의 한 기차역에서 벌어진 운명의 장난이 아니었다면 그는 영영 무대로 복귀하지 않았을 것이다. 에드윈은 기차를 기다리고 있었다. 그때 옷을 잘 차려 입은 한 젊은이가 무리에 떠밀려 발을 헛디디는 바람에 승강 장과 움직이는 기차 사이로 떨어졌다. 에드윈은 즉각 선로에 한 발을 내려놓고 그 사람을 붙잡아 끌어내 살렸다. 젊은이는 안도의 한숨을 내쉰 후 유명한 에드윈 부스를 알아보았다.

그러나 에드윈은 자기가 구해준 그 젊은이를 알아보지 못 했다. 몇 주 후 편지 한 통을 받고서야 그가 누구인지를 알았다. 에드윈은 죽는 날까지 그 편지를 주머니에 넣고 다녔다. 편지는 율리시즈 그랜트Ulysses S. Grant 장군의 수석 비서인 애덤스 부도Adams Budeau 장군한테서 온 것이었다. 미국의 영웅인 에이브러햄 링컨의 아들의 목숨을 구해준 에드윈 부스에게 감사를 전하는 편지였다. 두 형제가 하나는 대통령을 죽이고 다른 하나는 대통령의 아들을 살리다니 이 얼마나 얄궂은 운명인가. 에드윈 부스가 끌어내 살려준 젊은이는 바로 로버트 테드 링컨이다.[1]

에드윈 부스와 존 부스. 아버지도 같고 어머니도 같고 직업도 같고 열정도 같았다. 그러나 한 사람은 생명을 택했고 한 사람은 죽음을 택했다. 어떻게 이런 일이 일어날 수 있을까? 나도 모르지만 그런 일은 일어난다. 극적인 사연이기는 하지만 그들의 얘기만은 아니다.

아벨과 가인. 둘 다 아담의 아들이다. 아벨은 하나님을 택하고, 가인은 살인을 택한다. 그리고 하나님은 그냥 두신다.

아브라함과 롯. 둘 다 가나안의 순례자다. 아브라함은 하나님을 택하고, 롯은 소돔을 택한다. 그리고 하나님은 그냥 두신다.

다윗과 사울. 둘 다 이스라엘의 왕이다. 다윗은 하나님을 택하고, 사울은 권력을 택한다. 그리고 하나님은 그냥 두신다.

베드로와 유다. 둘 다 주님을 부인한다. 베드로는 자비를 구하고, 유다는 죽음을 구한다. 그리고 하나님은 그냥 두신다.

역사의 시대마다, 성경의 면면마다 밝혀져 있는 진리가 있다. 하나님은 우리에게 선택권을 주신다.

이 사실을 예수님보다 더 분명하게 말한 사람은 없다. 예수님의 말씀에 따르면 우리는 다음 둘 중에서 선택할 수 있다.

좁은 문과 넓은 문.

좁은 길과 넓은 길.

많은 무리와 적은 무리. ___ 마태복음 7:13-14

우리는 선택할 수 있다.

반석 위에 지을 수도 있고 모래 위에 지을 수도 있다.

___ 마태복음 7:24-27

하나님을 섬길 수도 있고 재물을 섬길 수도 있다.

___ 마태복음 6:24

양 중에 들 수도 있고 염소 중에 들 수도 있다.

___ 마태복음 25:32–33

"그들은[하나님을 거부한 사람들은] 영벌에, 의인들은 영생에 들어가리라"(마태복음 25:46).

우리에게 주어진 가장 큰 특권

하나님은 영원한 선택권을 주시며, 그 선택에는 영원한 결과가 뒤따른다.

갈보리의 3인이 바로 이것을 일깨워 주고 있지 않은가? 그리스도 옆에 왜 십자가가 두 개인지 생각해 본 적 있는가? 왜 여섯 개나 열 개가 아닌가? 예수님이 왜 가운데에 있는지 생각해 본 적 있는가? 왜 왼쪽 끝이나 오른쪽 끝이 아닌가? 언덕의 두 십자가는 하나님의 가장 위대한 선물 중 하나인 선택권이라는 선물을 상징하고 있는 것은 아닐까?

두 강도는 공통점이 아주 많다. 같은 법으로 유죄 판결을 받았다. 같은 사형을 선고받았다. 같은 무리에 둘러싸여 있다.

예수님과 같은 거리를 두고 달려 있다. 사실 처음에는 욕하던 것까지 같았다. "함께 십자가에 못 박힌 강도들도 이와 같이 욕하더라"(마태복음 27:44).

그러나 한 사람은 변했다.

> 달린 행악자 중 하나는 비방하여 이르되 네가 그리스도가 아니냐 너와 우리를 구원하라 하되 하나는 그 사람을 꾸짖어 이르되 네가 동일한 정죄를 받고서도 하나님을 두려워하지 아니하느냐 우리는 우리가 행한 일에 상당한 보응을 받는 것이니 이에 당연하거니와 이 사람이 행한 것은 옳지 않은 것이 없느니라 하고 이르되 예수여 당신의 나라에 임하실 때에 나를 기억하소서 하니 예수께서 이르시되 내가 진실로 네게 이르노니 오늘 네가 나와 함께 낙원에 있으리라 하시니라 ___ 누가복음 23:39-43

사람들은 회개한 강도의 기도에 대해서는 흔하게 얘기한다. 물론 그 강도는 칭찬받아 마땅하다. 그러나 변화된 강도로 인해 기뻐하느라 변화되지 않은 강도를 잊을 수야 있는가? 우리는 종종 이런 의문을 갖는다.

"그 사람은 어떻게 됩니까, 예수님? 그 사람에게도 믿음을 권하셨어야 하지 않을까요? 그 순간이야말로 설득의 말이 필요하지 않았을까요?"

목자는 아흔아홉 마리의 양을 놓아두고 한 마리 잃은 양을 찾으러 가지 않던가? 여자는 "잃어버린 동전을 찾을 때까지 온 집 안을 쓸지 않던가? 맞다. 목자는 간다. 여자는 쓴다. 그러나 잊지 말라. 탕자의 아버지는 아무 일도 하지 않는다.

양을 잃은 것은 양의 뜻이 아니었다.

동전을 잃은 것도 동전의 뜻이 아니었다.

그러나 탕자가 집을 나간 것은 고의적 선택이었다.

아버지는 그에게 선택권을 주었다. 예수님도 두 강도에게 선택권을 주셨다.

하나님은 천둥을 보내 우리를 정신 차리게 만드실 때도 있고, 축복을 보내 우리를 회유하실 때도 있다. 그러나 하나님은 침묵으로 일관하실 때도 있다. 우리를 존중하사 영원을 보낼 곳을 선택할 자유를 주시는 것이다.

얼마나 큰 영광인가! 삶의 많은 부분에서 우리는 선택권이 없다. 생각해 보라. 당신의 성별은 당신이 선택한 것이 아니다. 당신의 형제들도 당신이 선택한 것이 아니다. 인종이나 출생지도 당신의 선택이 아니다.

선택권이 없다는 것에 우리는 때로 분노를 느낀다. "불공평하다"고 말한다. 나는 가난한 집안에 태어났고 음치이며 달리기를 잘 못한다. 모두 불공평하다. 하지만 인생의 저울은 에덴동산에 한 그루 나무를 심어두신 하나님의 그 공평함으로 인해 영원히 전복되었다. 아담과 그 후손들에게 자유 의지가 주어짐으로 모든 불평은 잠잠해졌다. 그것은 나의 영원한 운명을 내 마음대로 선택할 수 있는 자유다. 현세의 모든 불공평함은 내세의 운명을 스스로 선택하는 영광으로 상쇄된다.

당신도 그렇게 생각하지 않는가? 당신이라면 그와 다른 것을 바라겠는가? 차라리 그 반대가 더 좋겠는가? 현세의 모든 것은 당신이 선택하고, 내세를 보낼 곳은 그분이 선택하시는 것? 코의 크기며 머리색이며 염색체 구조는 당신이 선택하고, 당신이 영원을 보낼 곳은 그분이 선택하시는 것? 당신은 차라리 그편이 더 좋겠는가?

하나님이 우리가 마치 음식 주문하듯 인생도 주문하게 하셨다면 얼마나 좋을까? 나는 양호한 건강과 높은 지능을 고를 것이다. 음악적 재능이야 제쳐둘 수 있지만 원활한 신진대사는 양보할 수 없다. 그럴 수 있다면 얼마나 좋을까. 하지만 현실은 그렇지 않다. 이 땅에서의 삶에 관한 한 당신에게는 발언권이나 투표권이 주어지지 않았다.

그러나 죽음 이후의 삶에 관한 한 선택은 당신 것이다. 내 계산으로는 그 정도면 공평한 거래다. 당신도 그렇게 생각하지 않는가?

이 선택권보다 더 큰 특권을 받아본 일이 있는가? 이 특권은 모든 불공평함만 상쇄하는 것이 아니다. 자유 의지라는 선물은 모든 실수마저 상쇄할 수 있다.

회개한 강도를 생각해 보라. 우리는 그에 대해 아는 것이 많지 않지만 한 가지만은 분명하다. 그는 인생에 중대한 실수를 저질렀다. 친구를 잘못 선택했고 가치관을 잘못 선택했고 잘못된 행동을 선택했다. 그러나 그의 삶을 과연 쓰레기 인생으로 볼 수 있을까? 그는 지금 자신이 내린 모든 잘못된 선택의 열매를 거두며 영원을 보내고 있을까? 아니다. 정반대다. 그는 지금 자신이 내린 한 가지 바른 선택의 결실을 즐기고 있다. 결국 단 하나의 선한 선택이 그의 모든 잘못된 선택을 구속救贖한 것이다.

당신도 살아오면서 몇 가지 잘못된 선택을 내린 일이 있지 않은가? 친구를 잘못 선택했고 어쩌면 직업을 잘못 선택했고 배우자마저 잘못 선택했을 수 있다. 인생을 돌아보며 당신은 이렇게 말한다. "그 잘못된 선택들을 만회할 수만 있다면… 만회할 수만 있다면." 할 수 있다. 영원을 향한 하나의 바른 선택이 이 땅에서의 천만 가지 잘못된 선택을 상쇄할 수 있다.

선택은 당신의 것이다.

같은 어머니에게서 태어나 같은 집에서 자라난 두 형제가 어떻게 하나는 삶을 선택하고 하나는 죽음을 선택할 수 있을까? 나는 모른다. 그러나 그런 일이 벌어진다.

두 사람이 동일한 예수님을 보았는데 어떻게 하나는 그분을 욕하는 길을 선택하고 다른 하나는 그분께 기도하는 길을 선택할 수 있을까? 나는 모른다. 그러나 그런 일이 벌어졌다.

한 사람이 기도했을 때 예수님은 그를 사랑하사 구해주셨다. 다른 한 사람이 욕했을 때 예수님은 그를 사랑하사 그냥 두셨다.

예수님은 그에게 선택권을 주셨다.

그리고 당신에게도 똑같이 하신다.

너에게 선택권을
주겠다

스티브 핼리데이|Steve Halliday 엮음

깊은 생각

1. "에드윈 부스와 존 부스. 아버지도 같고 어머니도 같고 직업도 같고 열정도 같았다. 그러나 한 사람은 생명을 택했고 한 사람은 죽음을 택했다. 어떻게 이런 일이 일어날 수 있을까? 나도 모르지만 그런 일은 일어난다."

   1) 두 형제가 그토록 다른 선택을 했던 이유를 어떻게 설명할 수 있을까?

   2) 당신이 내리는 선택에는 어떤 요인들이 가장 중요한 영향을 미치는가? 안전에 대한 욕구? 사랑? 두려움? 양심? 옳고 그름에 대한 의식?

2. "역사의 시대마다, 성경의 면면마다 밝혀져 있는 진리가 있다. 하나님은 우리에게 선택권을 주신다."

   1) 당신은 왜 하나님이 우리에게 선택권을 주신다고 생각하는가?

2) 현재 당신이 당면한 "커다란" 선택은 무엇인가? 당신은 어떤 선택을
내리겠는가?

3. "하나님은 영원한 선택권을 주시며, 그 선택에는 영원한 결과가
뒤따른다."

1) 저자가 말하는 "영원한 선택권"이란 무엇을 뜻하는가?

2) 영원한 결과가 뒤따르는 선택이 있다는 것은 공평한 일인가? 설명해
보라.

4. "하나님은 천둥을 보내 우리를 정신 차리게 만드실 때도 있고, 축
복을 보내 우리를 회유하실 때도 있다. 그러나 하나님은 침묵으
로 일관하실 때도 있다. 우리를 존중하사 영원을 보낼 곳을 선택
할 자유를 주시는 것이다."

1) 하나님이 천둥을 보내 당신을 정신 차리게 만드셨던 때를 얘기해
보라.

2) 하나님이 축복을 보내 당신을 회유하시던 때가 있었는가? 얘기해
보라.

3) 영원이라는 어마어마한 선택 앞에 선 우리에게 하나님이 침묵하시는 이유는 무엇일까?

5. "회개한 강도는 지금 자신이 내린 한 가지 바른 선택의 결실을 즐기고 있다. 결국 단 하나의 선한 선택이 그의 모든 잘못된 선택을 구속한 것이다."

1) 모든 잘못된 선택들이 단 하나의 선한 선택에 의해 구속된다는 것은 공평한 일인가? 설명해 보라.

2) 당신은 인생 말년에 그리스도를 믿기로 결단한 사람을 혹 알고 있는가? 그 사람의 회심에 대해 얘기해 보라.

말씀 묵상

1. 마태복음 27장 38-44절과 누가복음 23장 39-43절을 읽으라.

1) 예수님과 함께 못 박힌 사람들은 어떤 사람들인가?

2) 두 사람 중 하나의 마음에 변화가 일어난 것을 어떻게 알 수 있는가? 무엇이 그런 변화를 일으켰다고 생각하는가?

3) 이 사람의 요청에 예수님은 어떻게 응하셨는가? 왜 그런 반응을 보이셨을까?

2. 골로새서 1장 12-14절을 읽으라.

1) 주도권을 행한 쪽은 누구인가? 그분이 하신 일은 무엇인가?

2) 우리는 무엇을 "얻기에" 합당하게 되었는가? 어떻게 그 일이 가능하게 되었는가?

3) 우리는 어디서 건져냄을 받았는가? 그리고 어디로 옮겨졌는가?

4) "사랑의 아들" 안에서 우리는 무엇을 얻었는가?

3. 마태복음 6장 24절, 7장 13-14, 24-27절, 25장 32-33절을 읽으라.

1) 각 구절별로, 우리가 할 수 있는 선택은 무엇인가?

2) 인생의 각 부분에 대해 당신이 내린 선택은 무엇인가? 어떻게 그런 선택을 내렸는가?

4. 신명기 30장 19-20절과 여호수아 24장 14-15절을 읽으라.

  1) 각 본문에는 어떤 선택의 길들이 놓여 있는가? 선택을 내려야 할 사람은 누구인가?

  2) 인생의 가장 중요한 부분에서 당신이 내린 선택은 무엇인가?

적용 실천

1. 유명한 그리스도인의 전기를 찾아 읽어보라. 그 사람이 내린 어려운 선택들에 특별히 주목해 보라. 그런 선택이 불가피했던 요인은 무엇인가? 그 어려운 선택을 피했다면 어떤 결과가 나타났을까? 당신은 이 사람의 예를 통해 어떤 유익을 얻을 수 있는가?

2. 당신이 이미 예수 그리스도를 구주와 주님으로 영접하기로 선택한 적이 있다면, 그 간증을 글로 써보라. 그 선택을 내리게 된 경위에 중점을 두라. 그리고 잠시 시간을 내어, 하나님이 당신의 마음을 얻기 위해 하신 일을 생각해 보라.

7장

너를 결코 버리지 않겠다

갈보리 길에 담긴 하나님의 약속

그 금요일 그리스도께서 따르신 정확한 길은 아무도 모른다.

하지만 그 길이 시작된 곳만은 분명하다.

그 길은 빌라도의 법정에서 시작된 것이 아니라 천국의 뜰에서 시작되었다.

그분의 뜻은 오직 하나, 자녀들을 집으로 데려오는 것이었다.

그뿐 아니라 이제 우리로 화목하게 하신
우리 주 예수 그리스도로 말미암아
하나님 안에서 또한 즐거워하느니라

로마서 5:11

성경적 관점에서 죄란 적극적인 반역이다.

도널드 블로쉬

그가 우리를 흑암의 권세에서 건져내사
그의 사랑의 아들의 나라로 옮기셨으니

골로새서 1:13

인간은 과연 마음에 근본적인 변화가 필요하다.
죄를 사랑하는 것이 아니라 미워하기 시작해야 한다.
하나님을 미워하는 것이 아니라 사랑하기 시작해야 한다.
한마디로 인간은 하나님과 화목해져야 한다.
무엇보다도 이 변화가 일어나는 곳은 십자가 밑이다.
죄를 미워하시는 하나님의 마음과 죄인을 향한
그분의 말할 수 없는 사랑을 조금이나마 깨달을 때 그 변화는 일어난다.

J. N. D. 앤더슨Anderson

각기 제 길로 간 우리

다섯 살 난 매들린이 아빠의 무릎 위로 기어오른다.

"많이 먹었니?" 아빠가 묻는다.

아이는 웃으며 배를 두드린다. "이제 더는 못 먹겠어요."

"할머니가 만들어 주신 파이도 좀 먹었니?"

"하나도 안 남기고 다 먹었어요!"

매들린의 아빠 조는 식탁 너머로 자신의 어머니를 바라본다.

"어머니, 정말 배불리 먹었어요. 이제 잠 잘 일밖에 안 남았네요."

매들린이 고사리 같은 두 손으로 아빠의 큰 얼굴을 매만지며 말한다. "아니에요, 아빠. 오늘은 크리스마스이브인데요? 함께 춤출 거라고 하셨잖아요."

조는 잊어버린 척하며 말한다. "그랬나? 기억이 안 나는데?"

할머니가 웃으며 고개를 내젓고는 식탁을 치우기 시작한다.

"아냐, 아빠." 매들린이 조른다. "크리스마스이브에는 항상 춤을 췄잖아요. 아빠하고 나하고 둘이서만. 기억나세요?"

조의 짙은 콧수염 밑으로 웃음이 터져 나온다. "물론 기억나지, 얘야. 그걸 어떻게 잊어버릴까?"

조는 일어나 딸의 손을 잡는다. 그 순간, 적어도 그 순간만은 그의 아내가 다시 살아나는 듯하다. 해마다 크리스마스 전날 밤, 부부는 서재로 걸어가 둘만의 시간을 보냈다. 저녁 내내 춤을 추면서.

할 수만 있다면 평생 그렇게 춤을 추었으리라. 그러나 뜻밖에 아기를 갖게 됐고 출산 시에 위독한 상황이 닥쳤다. 매들린은 살아났지만 엄마는 살아나지 못했다. 두꺼비 손을 한 미네소타 출신의 정육점 주인 조는 그렇게 혼자서 딸 매들린을 키워야 했다.

"어서, 아빠." 매들린이 아빠의 손을 잡아끈다. "사람들이 오기 전에 춰야지요." 맞다. 조금 있으면 벨이 울리고 온 집이 친척들로 북적거릴 것이다. 그렇게 밤이 지나갈 것이다.

하지만 지금은 아빠와 매들린만의 시간이다.

자식을 향한 부모의 사랑은 강력한 힘이다. 갓난아기를 둔 부부를 생각해 보라. 아기가 부모에게 주는 것은 아무것도 없다. 돈도 없고 기술도 없고 똑똑한 말도 없다. 아기 옷에 주머니가 있다 해도 전부 텅 비어 있다. 포대기에 싸인 아기를 보라. 완전히 무력한 존재다. 거기 사랑할 것이 무엇이 있는가?

그러나 엄마 아빠는 찾아내고야 만다. 아기에게 젖을 물린 엄마의 얼굴을 바라보라. 아기를 안고 어르는 아빠의 눈을 바라보라. 행여 아기를 다치게 하거나 아기에 대해 나쁘게 말한다면 그 즉시 무서운 힘에 맞서게 될 것이다. 부모의 사랑은 강력한 힘이기 때문이다.

예수님이 물으셨다. 죄인인 인간에게도 그런 사랑이 있는데 하물며 죄와 욕심이 없으신 하나님 아버지는 얼마나 더 우리를 사랑하실까?[1] 하지만 우리가 준 사랑이 사랑으로 되돌아오지 않을 때 어떤 일이 벌어질까? 아이가 등을 돌리고 떠날 때 아버지의 마음은 어떻게 될까?

딸아이의 반항은 조의 삶에 미네소타의 매서운 한파처럼 들이닥쳤다. 운전할 나이가 되면서부터 매들린은 결심했다. 내 인생은 내가 알아서 하기로. 그 인생에는 아버지가 끼어들 자리가 없었다.

"이런 일이 있을 줄 미리 알았어야 했는데 난 꿈에도 몰랐구나." 조의 때늦은 말이었다. 어찌해야 좋을지 몰랐다. 몸에 딱 달라붙는 옷을 입고 코걸이를 하는 아이에게 뭐라고 말해야 할지 막막했다. 밤늦게 귀가하며 형편없는 성적표를 들고 오는 딸이 이해되지 않았다. 무엇보다 그는 언제 말해야 하고 언제 말을 아껴야 하는지 알지 못했다.

반대로 매들린은 모든 것을 알았다. 아버지한테 언제 말해야 하는지 알았다. 말을 할 일은 없었다. 언제 침묵해야 하는지 알았다. 항상 침묵하면 됐다. 그러나 그 남자아이에게는 정반대였다. 매들린이 몸에 문신을 새긴 호리호리한 다른 동네 남자아이와 어울리기 시작한 것이다. 그 소년은 누가 봐도 불량한 아이였다.

딸아이가 그 아이와 크리스마스이브를 보내겠다고 했을 때 조는 결코 허락할 수 없었다.

"오늘 밤은 가족들하고 같이 보내자. 할머니 집에서 할머니가 만들어주시는 파이도 먹고. 크리스마스이브는 집에서 함께 보내는 거야. 알았지?"

한 식탁에 앉긴 했지만 딴 세상에 있는 거나 마찬가지였다. 매들린은 음식만 깔짝거릴 뿐 한마디 말이 없다. 할머니가 조에게 말을 걸어보지만 그는 전혀 잡담할 기분이 아니다. 한편으로는 화가 났다. 또 한편으로는 가슴이 찢어지는 것 같았다. 한때 자신의 무릎에 앉곤 하던 아이, 이 아이와 다시 대화를 시작할 수만 있다면 세상에 못 할 일이 없으리라.

곧 친척들이 도착하면서 다행히 어색한 침묵이 깨진다. 집 안은 모여든 사람들로 와자지껄하지만 조는 한쪽에 그대로 있고 매들린은 반대쪽에 부루퉁하여 앉아 있다.

"조, 음악 좀 틀어줘." 조의 동생이 말한다. 음악을 튼다. 조는 돌아서 딸아이를 향해 걸어간다. 그러고는 딸아이가 흔쾌히 응할 줄 생각하며 이렇게 말한다. "오늘 밤 아빠와 함께 춤추지 않겠니?"

매들린은 발끈 화를 내며 돌아선다. 누가 보면 아빠가 욕이라도 한 줄 알 것이다. 온 친척들이 지켜보는 가운데 매들린은 현관을 빠져나가 길거리로 나선다. 아버지를 홀로 남겨둔 채.

철저히 홀로 남겨둔 채.

성경에 의하면 우리도 매들린과 똑같이 했다. 우리는 아버지의 사랑을 야멸차게 거부했다. "우리는 다 … 각기 제 길로 갔거늘"(이사야 53:6).

바울은 우리의 반역을 한 걸음 더 깊이 끌고 들어간다. 우리는 단지 외면한 정도가 아니라 그분을 대적했다. 우리는 "경건하지 않은 자"(로마서 5:6), 즉 "하나님을 대적하여 살던 자"였다.

10절에 가면 그보다 더 강한 표현이 나온다. "우리가 [하나님의] 원수 되었을 때에." 너무 심한 표현 아닌가? 원수란 곧 적이다. 해치는 자다. 모르고 해치는 것이 아니라 고의로 해치는 자다. 우리가 그렇단 말인가? 우리가 하나님의 원수 된 적이 있단 말인가? 우리가 아버지를 대적한 적이 있단 말인가?

당신은 어떤가?

하나님이 원하시지 않는 일인 줄 알면서도 행한 적이 있는가?

하나님의 자녀나 피조 세계의 일부를 해친 일이 있는가?

하나님의 적인 마귀의 일을 거들거나 성원한 일이 있는가?

대중 앞에서 하늘 아버지를 모른 척한 일이 있는가?

있다면, 당신은 그분의 원수 역을 행한 것이 아닌가?

우리가 그분의 원수가 될 때 하나님은 어떻게 반응하시는가?

매들린은 그날 밤 돌아왔다. 그러나 오래 머물지 않았다. 조는 집 나간 딸을 탓하지 않았다. 누군들 정육점 주인의 딸로 지내는 것이 좋겠는가? 함께 지내던 마지막 며칠 동안 조는 최선을 다했다. 딸이 즐겨 먹는 음식도 만들어주었다. 딸은 먹으려 하지 않았다. 극장에도 가자고 해보았다. 딸은 방 안에 틀어박혀 있었다. 새 옷도 사주었다. 딸은 고맙다는 말 한마디 없었다. 그러고는 떠올리고 싶지 않은 그 봄날이 찾아왔다. 그날 조는 딸아이가 학교에서 돌아올 때 집에 있고 싶어 회사에서 조퇴를 했다.

바로 그날이 딸아이가 영영 떠나버린 날이 될 줄이야.

매들린이 남자친구와 함께 있는 것을 한 친구가 버스 터미널 근방에서 보았다. 시카고 행 버스표를 샀다는 것도 확인되었다. 그 다음에 어디로 갔는지는 아무도 몰랐다.

아버지가 떠나오신 길

세상에서 가장 악명 높은 길은 비아 돌로로사^{Via Dolorosa}, 즉 "슬픔의 길"이다. 전통에 따르면 예수께서 빌라도의 뜰에서 갈보리로 가신 길이 바로 그 길이었다고 한다. 그 길에는 그리스도인들이 흔히 기도하고 예배하는 14개의 지점이 표시돼 있다. 거기엔 빌라도의 선고가 내려진 지점이 있다. 시몬이 나타나 십자가를 진 지점이 있다. 그리스도께서 넘어지신 지점도 두 군데 있고, 그리스도께서 말씀하신 지점도 있다. 14개의 각 지점 모두 그리스도의 마지막 여정 중에 일어난 사건들을 되새겨 준다.

이 길이 정확한 것은 아닐 것이다. 주후 70년과 주후 135년에 예루살렘이 파괴되면서 도시의 거리들도 흔적이 사라졌다. 따라서 그 금요일 그리스도께서 따르신 정확한 길은 아무도 모른다.

하지만 그 길이 시작된 곳만은 분명하다.

그 길은 빌라도의 법정에서 시작된 것이 아니라 천국의 뜰에서 시작되었다. 아버지가 우리를 찾아 집을 떠나시던 날 그 여정은 시작되었다. 그분은 당신의 마음을 얻으시고야 말겠다는 열정 외에는 아무런 장비도 없이 찾아오셨다. 그분의 뜻은 오직 하나, 자녀들을 집으로 데려오는 것이었다. 성경은 하나님 아버지의 이 찾아오심을 한 단어로 '화목하게 하심'이라 표현한다.

"하나님께서 그리스도 안에 계시사 세상을 자기와 화목하게 하시며"(고린도후서 5:19). 화목하게 한다는 말은 헬라어로 "상태를 되돌려 놓는다"[2]는 뜻이다. 화목하게 한다는 것은 뜯어진 것을 다시 꿰매고, 반항하는 마음을 되돌리며, 싸늘하게 식은 열정에 다시 불꽃을 지피는 것이다.

화목하게 한다는 것은 고집부리는 아이의 어깨를 어루만져 집으로 오라고 타이르는 것이다.

우리를 부르시기 위해 온갖 고초도 마다하지 않으시는 하나님을 여실히 보여주는 것이 바로 십자가의 길이다.

몸에 문신을 새긴 호리호리한 남자아이에게 사촌이 한 명 있었다. 사촌은 휴스턴 남부의 한 편의점에서 야간 근무를 하고 있었다. 한 달에 몇 달러만 주면 그는 가출 청소년들을 자기 방에서 재워주었다. 물론 낮에는 다들 나가야 했다.

그거야 문제없었다. 가출한 그들에게는 큰 꿈이 있었으니까. 남자친구는 자동차 정비공이 될 생각이었고, 매들린은 백화점에 취직할 수 있을 거라고 철석같이 믿었다. 물론 그는 자동차에 대해 아무것도 몰랐고, 매들린은 취직에 대해 그보다 더 몰랐지만 자유에 취해 있을 때는 그런 생각이 날 리가 없다.

몇 주가 지난 후 사촌은 마음을 바꾸었다. 사촌이 결심을 통고하던 날 매들린의 남자친구도 자신의 변한 마음을 통고했다. 매들린은 하루아침에 길거리로 나앉고 말았다. 잠잘 곳도 없었고 손을 잡아주는 사람도 없었다. 그러나 그것은 그렇게 보내야 할 수많은 밤의 첫날 밤에 지나지 않았다.

공원에서 만난 한 여자가 매들린에게 다리 근처에 있는 노숙자 시설에 대해 알려주었다. 몇 달러만 내면 따뜻한 국물과 간이침대를 얻을 수 있었다. 가진 거라곤 몇 달러가 전부였다. 가방을 베개 삼고 겉옷을 담요 삼아 자리에 누웠다. 방 안이 너무 시끄러워 잠을 잘 수 없었다. 매들린은 벽 쪽으로 고개를 돌렸다. 가출 후 처음으로 아버지 생각이 났다. 입 맞춰주던 아버지의 구레나룻 난 얼굴이 떠올랐다. 눈이 젖어들었지만 매들린은 애써 눈물을 참는다. 추억을 깊이 억누른 채 집 생각을 하지 않기로 다짐한다.

돌아가기엔 이미 너무 멀리 왔다.

이튿날 아침, 옆 침대에 있던 소녀가 매들린에게 지폐 한 줌을 보여준다. 테이블에 올라 춤을 추고 받은 팁이라고 했다. 소녀가 말한다. "여긴 오늘 밤으로 끝이야. 내 방 값을 벌 수 있거든. 춤출 사람이 더 필요하다니까 너도 와봐." 소녀는 주머니에 손을 넣어 성냥갑을 꺼낸다. "여기 주소가 적혀 있어."

매들린은 생각만 해도 역겨웠다. 가까스로 이렇게 웅얼거린다. "생각해 볼게."

매들린은 일주일 내내 일자리를 찾아 길거리를 방황한다. 한 주가 지나고 노숙자 시설에 다시 돈을 지불할 때가 오자 매들린은 주머니에 손을 넣어 성냥갑을 꺼낸다. 갈 곳이라곤 거기밖에 없다.

"오늘 밤은 나가서 잘게요." 그렇게 말하고 문밖으로 나온다.

굶주림은 결심을 꺾는 법이다.

아버지께로 가는 길

교만과 수치. 이 둘은 보기에는 너무 다르지만 자매지간이다. 교만은 가슴을 내밀 대로 내민다. 수치는 고개를 숙일 대로 숙인다. 교만은 뻐긴다. 수치는 숨는다. 교만은 내보이려 한다. 수치는 달아나려 한다.

그러나 속지 말라. 두 감정은 같은 뿌리에서 나왔다. 두 감정이 미치는 파급 효과도 같다. 교만도 수치도 당신을 하늘 아버지께로 나아가지 못하게 막는다.

교만은 말한다. "넌 하나님을 찾기에는 너무 착해."

수치는 말한다. "넌 하나님께 가기에는 너무 추해."

교만은 당신을 몰아낸다.

수치는 당신을 가둬둔다.

교만이 넘어짐의 앞잡이라면 수치는 넘어진 뒤 다시는 일어나지 못하게 한다.

매들린이 할 줄 아는 게 있다면 그것은 춤추는 것이었다. 어릴 때 아버지가 가르쳐줬다. 이제 아버지 나이의 남자들이 매들린을 구경했다. 매들린은 합리화하지 않았다. 아무 생각도 하지 않았다.

단순히 일하고 돈만 받았을 뿐이다.

그렇게 영영 아무 생각도 하지 않고 살았을 것이다. 편지만 아니었다면. 헤어진 남자친구의 사촌이 편지를 가져왔다. 한 통도 아니고 두 통도 아니고 한 상자 가득이었다. 모두 매들린 앞으로 보낸 것이었다. 모두가 아버지한테서 온 것이었다.

"네 옛날 남자친구가 일렀나 봐. 편지가 한 주에 두세 통씩 온다니까." 사촌은 투덜거렸다. "네 아버지한테 바뀐 주소를 알려줘." 오, 그것만은 할 수 없었다. 아버지가 찾아오면 어떡하라고.

봉투를 뜯을 수도 없었다. 내용은 뻔했다. 집에 돌아오라는 말일 테지. 하지만 내가 무슨 일을 하고 있는지 안다면 아버지도 더 이상 편지 같은 건 안 쓸 거야.

차라리 안 읽는 편이 덜 괴로울 것 같았다. 그래서 읽지 않았다. 그 주에도, 사촌이 더 많은 편지를 가져온 다음 주에도. 사촌이 다시 찾아온 그다음 주에도. 매들린은 편지를 클럽 탈의실에 소인이 찍힌 순서대로 쌓아두었다. 겉봉마다 손가락으로 쓸어보긴 했지만 차마 뜯을 수는 없었다.

대체로 매들린은 무감각하게 살 수 있었다. 집 생각이며 창피하다는 생각 따위는 마음 한구석에 묻어두었다. 그러나 억누를 길 없이 문득 생각이 강하게 되살아날 때가 있었다.

지나가다가 옷가게 앞에서 그 옷을 보던 날도 그랬다. 전에 아버지가 사주신 것과 같은 색깔의 옷이었다. 그때는 웬지 그 옷이 별로 마음에 들지 않았다. 마지못해 입고서 아버지와 나란히 거울 앞에 섰었다. "아니, 키가 벌써 아빠만 하잖아." 아버지는 그렇게 말했다. 아버지의 손길에 몸이 얼어붙었었지.

가게 유리문에 비친 자신의 피곤한 얼굴을 보노라니 다시 아버지의 품에 안길 수만 있다면 옷 같은 건 천 벌 만 벌이라도 입어볼 수 있을 것만 같았다. 매들린은 가게 앞을 떠나면서 다시는 그 길로 지나가지 않으리라 다짐했다.

세월이 흘러 낙엽이 지고 바람이 차가워졌다. 편지는 계속 왔고 사촌은 계속 투덜거렸다. 편지 더미는 쌓여만 갔다. 아직도 매들린은 아버지에게 새 주소를 알리지 않았다. 편지도 읽지 않았다.

그러다 크리스마스이브를 며칠 앞두고 또 한 통의 편지가 도착했다. 모양도 같았고 색깔도 같았다. 그러나 이번에는 소인이 없었다. 사촌이 가져다준 것도 아니었다. 탈의실 탁자 위에 놓여 있었다.

"며칠 전에 어떤 체구가 큰 남자가 나한테 와서는 이 편지를 너한테 전해달라고 하더라." 춤추는 아이들 중 하나가 그렇게 말했다. "받아보면 알 거라면서."

"어떻게 여기까지?" 매들린은 불안하게 물었다. 편지를 전한 여자가 어깨를 으쓱하며 말했다. "그럴 수밖에 없었나 봐."

매들린은 힘들여 침을 삼키며 봉투를 보았다. 봉투를 열고 꺼낸 카드엔 이렇게 쓰여 있었다. "네가 여기 있는 것, 알고 있다. 네가 뭘 하는지도 알고 있어. 하지만 아빠 마음은 변함없단다. 여태까지 편지마다 썼던 말, 지금도 그대로야."

"뭐라고 쓰셨는지 전 모르는걸요." 매들린은 중얼거렸다. 편지 더미의 맨 위에 있던 것을 꺼내 읽었다. 그리고 두 번째 것. 그리고 세 번째 것. 편지마다 똑같은 말이 적혀 있다. 똑같은 질문이었다.

순식간에 마룻바닥은 편지지로 뒤덮였고 매들린의 얼굴은 눈물로 얼룩졌다. 한 시간도 못 되어 매들린은 버스에 올라 있었다. "어쩌면 시간 안에 도착할 수 있을 거야."

정말 가까스로 시간에 맞춰 집에 다다랐다.

친척들은 막 떠나려던 참이다. 조는 부엌에서 할머니를 거들고 있다. 갑자기 조용해진 서재에서 조의 동생이 부르는 소리가 들린다. "형, 누가 찾아왔어."

조는 부엌에서 나와 멈춰 선다. 아이의 한 손에는 가방이 들려 있다. 다른 손에는 카드가 들려 있다. 조는 자기가 딸에게 한 질문에 딸이 뭐라고 말할지 알아차렸다.

"네, 아빠." 딸이 아버지에게 말한다. "초청이 아직도 유효하다면 그렇게 하고 싶어요."

조는 가까스로 침을 삼킨다. "유효하고말고. 초청은 유효해."

그렇게 두 사람은 크리스마스이브에 다시 춤을 추었다.

문 곁 바닥에는 매들린의 이름과 함께 아버지의 질문이 적힌 카드가 떨어져 있다.

"집에 와서 다시 아빠랑 춤추지 않을래?"

너를 결코
버리지 않겠다

스티브 핼리데이Steve Halliday 엮음

깊은 생각

1. "아기에게 젖을 물린 엄마의 얼굴을 바라보라. 아기를 안고 어르는 아빠의 눈을 바라보라. 행여 아기를 다치게 하거나 아기에 대해 나쁘게 말한다면 그 즉시 무서운 힘에 맞서게 될 것이다. 부모의 사랑은 강력한 힘이기 때문이다."

   1) 당신이나 혹은 당신이 아는 누군가가 이런 "강력한 힘"을 내보이던 사건을 얘기해 보라.

   2) 부모의 사랑이 왜 그렇게 강력한 힘인지 설명할 수 있겠는가?

2. "죄인인 인간에게도 그런 사랑이 있는데 하물며 죄와 욕심이 없으신 하나님 아버지는 얼마나 더 우리를 사랑하실까? 하지만 우리가 준 사랑이 사랑으로 되돌아오지 않을 때 어떤 일이 벌어질까? 아이가 등을 돌리고 떠날 때 아버지의 마음은 어떻게 될까?"

1) 당신은 하나님의 사랑을 어떻게 체험했는가? 하나님은 아버지로서의 그 사랑을 당신에게 어떻게 표현하셨는가?

2) 당신의 형제들 중 한 명이 반항할 때 당신의 부모님은 어떤 반응을 보였는가? 당신에게 자녀가 있다면, 당신은 어떻게 반응하는가? 하나님은 어떻게 반응하실 것 같은가?

3. "교만은 말한다. '넌 하나님을 찾기에는 너무 착해.' 수치는 말한다. '넌 하나님께 가기에는 너무 추해.' 교만은 당신을 몰아낸다. 수치는 당신을 가둬둔다. 교만이 넘어짐의 앞잡이라면 수치는 넘어진 뒤 다시는 일어나지 못하게 한다."

1) 교만과 수치는 어떤 관계가 있는가? 어떤 비슷한 점들이 있는가?

2) 교만과 수치 중 당신은 어느 쪽에 더 잘 빠지는 편인가?

4. "매들린은 힘들여 침을 삼키며 봉투를 보았다. 봉투를 열고 꺼낸 카드엔 이렇게 쓰여 있었다. '네가 여기 있는 것, 알고 있다. 네가 뭘 하는지도 알고 있어. 하지만 아빠 마음은 변함없단다. 여태까지 편지마다 썼던 말, 지금도 그대로야.'"

1) 잠시 당신이 매들린이 되어보라. 무엇이 그동안 아버지의 편지를 읽지 못하게 했을까? 무엇이 마침내 아버지의 편지를 읽게 했을까?

2) 이번에는 잠시 아버지가 되어보라. 딸의 형편을 알았을 때 당신의 기분은 어땠겠는가? 그럼에도 당신 마음이 변함없는 것은 무엇 때문일까?

5. "집에 와서 다시 아빠랑 춤추지 않을래?"

1) 이 문구를 처음 읽었을 때 당신의 기분은 어땠는가?

2) 하나님이 당신에게 "집에 와 다시 춤추자"고 하신 적이 혹 있는가? 있다면, 그때 상황을 얘기해 보라.

말씀 묵상

1. 누가복음 15장 11-24절을 읽으라.

1) 이 아들은 무엇 때문에 집을 떠났는가?

2) 집을 떠난 후 그는 어떻게 되었는가?

3) 마침내 돈이 떨어졌을 때 그는 어떻게 했는가? 어떤 의중으로 그렇게 했는가?

4) 아버지는 돌아온 아들을 어떻게 대했는가? 아들이 준비한 말 중 아버지가 막아서 차마 입에 올리지 못한 부분은 무엇인가?

5) 아버지는 왜 이런 반응을 보였을까? 그것은 하나님의 어떤 모습을 보여주고 있는가?

2. 로마서 5장 6-11절을 읽으라.

1) 그리스도는 언제 "경건하지 않은 자"를 위하여 죽으셨는가? "경건하지 않은 자"에는 누가 포함되는가?

2) 이 본문은 하나님의 사랑을 확대해 보여주기 위해 어떤 대조를 사용하고 있는가? 그런 대조는 어떤 면에서 특이한가?

3) "그의 피로 말미암아 의롭다 하심을 받았다"는 말은 무슨 뜻인가?

4) 그리스도로 말미암아 "[하나님의] 진노하심에서 구원을 받는다"는 말은 무슨 뜻인가?

5) "화목하게 된" 것과 "구원을 받은" 것은 어떤 관계가 있는가? 그 둘을 어떻게 서로 구분할 수 있는가?

6) 하나님과 화목하게 되려면 우리는 어떤 반응을 보여야 하는가?

3. 고린도후서 5장 19절을 읽으라.

1) 하나님은 왜 죄인들을 자기와 화목하게 하셨는가?

2) 하나님은 왜 화목하게 된 자들의 죄를 저희에게 돌리지 않으시는가?

3) 인간은 어떻게 하나님과 화목하게 되는가? 왜 그것은 저절로 되지 않는가?

적용 실천

1. 누가복음 15장의 탕자의 비유를 사무엘하 13장-19장 8절에 나오는 다윗과 압살롬 부자의 비극적 사연과 비교해 보라. 두 이야기의 비슷한 점은 무엇인가? 서로 다른 점은 무엇인가? 집안에 닥쳐온 비극을 막기 위해 다윗은 어떤 행동을 취할 수 있었을까?

2. 당신에게 자녀가 있다면, 각 자녀에게 당신의 무조건적인 사랑을
   보여줄 수 있는 특별한 일을 하나씩 생각해 보라. 긴 편지를 쓸
   수도 있고 시내로 단둘이 데이트를 나갈 수도 있다. 아들이나 딸
   을 주인공으로 하는 여행을 떠날 수도 있다. 무엇이 됐든 계획을
   세우고 최대한 빠른 시일 안에 실천해 보라.

8장

나의 옷을 너에게 주겠다

옷에 담긴 하나님의 약속

십자가 위에서 그리스도께서 입으신 옷은 무엇인가?
죄다. 당신과 나의 죄의 옷이다. 온 인류의 죄의 옷이다.
그분은 순결의 옷을 내게 내주시고, 내 추한 옷을 대신 입으신다.

그러나 죄 없는 그리스도께서 … 친히 우리의 형벌을 당하심으로
우리의 죄를 속하시고 우리가 받을 형벌을 없애셨다.

어거스틴Augustine

그리스도께서도 단번에 죄를 위하여 죽으사 의인으로서 불의한 자를
대신하셨으니 이는 우리를 하나님 앞으로 인도하려 하심이라

베드로전서 3:18

이것이 죄인들을 향한 하나님의 부요하신 은혜의 비밀이다.
놀라운 자리바꿈을 통해 이제 우리의 죄는
우리의 것이 아니라 그리스도의 것이 되었고
그리스도의 의는 그리스도의 것이 아니라 우리의 것이 되었다.

마르틴 루터

때에 맞는 옷차림

호텔 지배인은 좀처럼 뜻을 굽히지 않았다. 신혼여행을 왔다고 하는 데도 아랑곳하지 않았다. 자기네 고급 컨트리클럽 식당의 저녁식사를 결혼 선물로 받았다는 데도 개의치 않았다. 데날린과 내가 저녁을 제대로 먹으려 점심까지 굶었다는 데도 그는 아랑곳하지 않았다. 내게 닥친 상황에서는 이 모든 게 하나도 중요하지 않았다.

내가 양복을 입지 않았던 것이다.

양복이 필요할 줄 몰랐다. 간편한 셔츠 차림으로 통할 줄 알았다. 깨끗이 다림질 된 셔츠였다. 하지만 불어 억양으로 말하는 검은 넥타이 차림의 지배인은 눈 하나 깜빡하지 않았다. 그는 다른 손님들을 모두 자리로 안내했다. 정중한 옷차림을 한 부부가 정해진 테이블로 갔다. 고급스런 분위기를 풍기는 부부도 자리를 잡았다. 하지만 양복을 안 입은 우리는?

다른 방도가 있었다면 그렇게 매달리지 않았으리라. 하지만 방도가 없었다. 늦은 시간이었다. 다른 식당들은 닫았거나 이미 예약이 차 있었다. 게다가 우리는 배가 고팠다. "어떻게 좀 해주십시오." 나는 애원했다. 그는 나를 한 번 보고 데닐린을 한 번 보더니 땅이 꺼질 듯 긴 한숨을 내쉬며 말했다.

"좋아요. 해봅시다."

그는 외투 보관소로 사라졌다가 양복 상의를 하나 들고 나타났다. "이걸 입으시지요." 입었다. 소매가 너무 짧았다. 어깨도 너무 꽉 끼었다. 색깔도 확 튀는 초록색이었다. 하지만 불평하지 않았다. 그 양복 덕에 우리도 테이블로 안내받을 수 있었다(비밀이지만, 음식이 나온 뒤로는 벗어버렸다).

진땀 꽤나 흘렸지만 식사는 아주 좋았다. 그보다 더 좋았던 건 이렇게 훌륭한 비유를 건진 것이다.

나는 양복이 필요했지만 내가 할 수 있는 거라고는 기도뿐이었다. 그 사람은 나를 쫓아낼 정도로 매정하지는 않았지만 그렇다고 기준을 낮춰줄 만큼 호락호락하지도 않았다. 결국 반드시 양복을 입어야 한다고 말한 그 지배인이 내게 양복을 주었고 우리는 자리에 앉을 수 있었다.

이것이 바로 십자가에서 일어난 일이 아닌가? 옷차림이 지저분한 사람들은 하나님의 식탁에 앉을 수 없다. 하지만 우리 중에 옷차림이 더럽지 않은 자가 누가 있단 말인가? 우리의 도덕은 형편없고 진실은 때에 찌들었다. 서로에게 무심하다. 우리의 도덕적 옷은 볼썽사납기 그지없다. 그렇다, 하나님의 식탁에 앉으려면 높은 기준을 통과해야 한다. 하지만 자녀들을 향한 그분의 사랑은 그보다 더 높아서 그분은 선물을 베푸신다.

예수님이 내어주신 옷

예수님은 튀는 초록색 양복이 아니라 긴 옷을 주신다. 통으로 짠 옷을. 외투 보관소에서 꺼내온 옷이 아니라 하나님의 아들 예수께서 입으셨던 옷을 주신다.

성경에는 예수님의 복장에 대해 별로 언급되어 있지 않다. 사촌인 세례 요한의 옷차림과 종교 지도자들의 복장에 대해서는 나와 있지만 그리스도의 옷은 알 수 없다. 보기에 안쓰러울 만큼 초라하지도 않았고 그렇다고 눈길을 끌 만큼 호화롭지도 않았으리라.

그런데 예수님의 옷차림에 대해 눈여겨볼 대목이 하나 있다. "군인들은 예수님을 십자가에 못 박은 뒤에, 그의 옷을 네 조각으로 나누었습니다. 그러고는 저마다 한 조각씩 나누어 가졌습니다. 그들은 속옷도 가져갔는데, 그 옷은 위로부터 아래까지 완전히 통으로 짠 것이었습니다. 그래서 군인들은 '이것은 찢지 말고 제비를 뽑아 누가 가질지 정하자'라고 말하였습니다. 이런 일이 일어난 것은 그렇게 되리라고 말한 성경 말씀을 이루기 위해서였습니다. '그들이 자기들끼리 내 옷을 나누고 내 옷을 가지려고 제비 뽑나이다'"(요한복음 19:23-24, 쉬운 성경).

이 옷이야말로 예수님의 소지품 중 가장 좋은 물건이었을 것이다. 유대 전통에 따르면 아들이 집을 떠날 때 어머니가 이런 옷을 직접 만들어 출가의 선물로 주도록 돼 있었다. 마리아가 예수님께 만들어준 옷이었을까? 알 수 없다. 하지만 한 가지 분명한 사실이 있다. 그 옷은 솔기가 없이 위에서부터 아래까지 통으로 짜여 있었다. 이것이 왜 중요할까?

성경은 우리의 행실을 우리가 입는 옷으로 표현하곤 한다. 베드로는 "겸손으로 허리를 동이라"(베드로전서 5:5)고 권한다.

다윗은 "저주하기를 옷 입듯"(시편 109:18) 하는 악인들에 대해 말한다. 옷은 성품을 상징할 수 있다. 예수님의 성품은 그분의 옷처럼 여기저기 이어 붙인 솔기가 없었다. 통일과 연합. 그분은 자신이 입으신 옷 같았다. 나누인 부분이 없이 온전하셨다.

"위에서부터 통으로 짠 옷." 예수님은 자기 마음대로 이끌리지 않았다. 아버지의 마음에 이끌리셨다. 그분의 말씀을 들어보라.

"아들이 아버지께서 하시는 일을 보지 않고는 아무것도 스스로 할 수 없나니 아버지께서 행하시는 그것을 아들도 그와 같이 행하느니라"(요한복음 5:19).

"내가 아무것도 스스로 할 수 없노라 듣는 대로 심판하노니"(요한복음 5:30).

예수님의 성품은 천국에서 지상까지 통으로 짠 솔기 없는 천이었다. 하나님의 생각에서 예수님의 행동까지. 하나님의 눈물에서 예수님의 긍휼까지. 하나님의 말씀에서 예수님의 순종까지…. 전부가 하나로 되어 있다. 모두가 예수님의 성품을 보여준다.

치욕을 입으신 예수님

그러나 십자가에 못 박히실 때 그리스도는 이 솔기 없는 완전한 옷을 벗으시고 다른 옷을 입으셨다. 수치의 옷을 입으셨다.

벌거벗음의 수치. 어머니와 사랑하는 이들 앞에서 벌거벗은 몸이 되셨다. 가족 앞에서의 수치였다.

패배의 수치. 고통이 엄습하던 그 몇 시간 동안 종교 지도자들은 승자였고 그리스도는 패자처럼 보였다. 적 앞에서 수치를 당하셨다.

무엇보다도 그분은 죄의 수치를 입으셨다. "친히 나무에 달려 그 몸으로 우리 죄를 담당하셨으니 이는 우리로 죄에 대하여 죽고 의에 대하여 살게 하려 하심이라"(베드로전서 2:24).

십자가 위에서 그리스도께서 입으신 옷은 무엇인가? 죄다. 당신과 나의 죄의 옷이다. 온 인류의 죄의 옷이다.

언젠가 길을 걷다가 줄무늬 옷을 입은 사람들을 본 적이 있다. 우리 아버지가 내게 그 이유를 설명해 주시던 일이 생각난다. "저들은 죄수들이야. 법을 어겨서 지금 공공 근로를 하는 중이란다."

그 사람들을 보면서 가장 인상 깊었던 점이 무엇인지 아는가? 그들은 절대 고개를 들지 않았다. 눈을 마주치는 법도 없었다. 부끄러웠던 것일까? 아마 그랬을 것이다.

그들이 길가에서 느꼈던 심정을 우리 구주는 십자가 위에서 느끼셨다. 수치. 십자가형이란 처음부터 끝까지 사형수에게 고통뿐 아니라 수치를 함께 주기 위한 것이었다. 십자가의 죽음은 대개 노예, 살인범, 암살범 등 죄질이 가장 나쁜 사람들의 몫이었다. 사형수는 어깨에 형틀을 메고 도시의 거리를 누벼야 했다. 목에는 죄명이 적힌 꼬리표가 달려 있었고, 처형장에 도착하면 벌거벗은 몸으로 조롱을 당했다.

십자가형이 어찌나 소름 끼쳤던지 고대 로마의 웅변가 키케로Cicero는 이렇게 말했다. "로마 시민의 몸에는 물론 생각과 눈과 귀에도 십자가라는 단어조차 가까이 오지 못하게 하라."[1]

예수님은 사람들 앞에서만 수치를 당하신 것이 아니라 천국 앞에서도 수치를 당하셨다.

살인자와 간음자의 죄를 지셨기에 그분은 살인자와 간음자의 수치를 느끼셨다. 평생 거짓말하신 적이 없음에도 그분은 거짓말쟁이의 능욕을 지셨다. 속인 일이 없음에도 사기꾼의 창피를 맛보셨다. 온 세상의 죄를 담당하셨기에 온 세상의 모든 수치를 한꺼번에 느끼셨다.

그분이 "치욕을 짊어지셨다"(히브리서 13:13)고 표현한 히브리서 기자의 말은 지당한 것이다.

십자가에서 예수님은 범죄자의 수치와 치욕을 맛보셨다. 그분은 죄가 없었다. 그러나 우리는 죄인이었다. 그분은 단 한 가지도 죄를 범하신 일이 없었다. 그러나 우리는 죄를 범했다. 그분께 사형 선고는 부당한 것이었다. 그러나 우리에게는 마땅한 것이었다.

호텔 지배인 앞에서의 내 입장, 그것이 우리의 상태였다. 기도로 간청하는 것 외에는 아무 방도가 없었다. 그런데 예수님이 하신 일은 그 지배인이 한 일과는 비할 수 없었다. 식당 주인이 자기 턱시도를 벗어 나에게 내주는 모습을 상상할 수 있는가?

그것이 예수님이 하신 일이다. 남이 입다가 내놓은, 잘 맞지도 않는 옷 얘기가 아니다. 그분은 이음매 없는 순결의 옷을 내게 내주시고, 자신은 교만과 탐욕과 이기심으로 누덕누덕 기운 내 추한 옷을 대신 입으신다. '그리스도께서 우리와 자리를 바꾸셨다'(갈라디아서 3:13 참조). 우리에게 자신의 의를 입히시려 친히 우리의 죄를 입으신 것이다.

우리는 십자가에 올 때는 죄를 입고 왔지만 떠날 때는 그분의 "열심(뜨거운 사랑, 쉬운성경)을 입어 겉옷으로 삼고"(이사야 59:17) "공의로 그의 허리띠를 삼으며 성실로 그의 몸의 띠를 삼고"(이사야 11:5) "구원의 옷"(이사야 61:10)으로 겉옷을 삼는다.

사실, 떠날 때의 우리 옷차림은 그리스도 자신이다. "누구든지 그리스도와 합하기 위하여 세례를 받은 자는 그리스도로 옷 입었느니라"(갈라디아서 3:27).

예수님은 당신에게 연회를 베푸시는 정도로 만족하시지 않는다.

예수님은 당신에게 자리를 내주시는 정도로 만족하시지 않는다.

예수님은 당신에게 교통편을 제공하고 식비를 지불해 주시는 정도로 만족하시지 않는다.

그분은 더 깊이 들어가셨다. 당신이 정식 복장을 갖출 수 있도록 친히 자신의 옷을 내주셨다.

바로 당신을 위해 하신 일이다.

나의 옷을
너에게 주겠다

스티브 핼리데이Steve Halliday 엮음

깊은 생각

1. "나는 양복이 필요했지만 내가 할 수 있는 거라고는 기도뿐이었다. 그 사람은 나를 쫓아낼 정도로 매정하지는 않았지만 그렇다고 기준을 낮춰줄 만큼 호락호락하지도 않았다. 결국 반드시 양복을 입어야 한다고 말한 그 지배인이 내게 양복을 주었고 우리는 자리에 앉을 수 있었다. 이것이 바로 십자가에서 일어난 일이 아닌가?"

   1) 저자의 사연과 십자가 사건의 비슷한 점은 무엇인가?

   2) 저자의 사연과 십자가 사건의 서로 다른 점은 무엇인가?

2. "옷은 성품을 상징할 수 있다. 예수님의 성품은 그분의 옷처럼 여기저기 이어 붙인 솔기가 없었다. 통일과 연합. 그분은 자신이 입으신 옷 같았다. 나누인 부분이 없이 온전하셨다."

1) 예수님의 성품은 어떤 면에서 "솔기가 없다"고 할 수 있는가?

2) 예수님의 성품에 이어 붙인 데가 없다는 것은 왜 중요한가?

3. "십자가에 못 박히실 때 그리스도는 이 솔기 없는 완전한 옷을 벗으시고 다른 옷을 입으셨다. 수치의 옷을 입으셨다."

1) 예수님은 어떻게 다음과 같은 수치를 맛보셨는가?

   • 벌거벗음의 수치

   • 패배의 수치

   • 죄의 수치

2) 당신이 예수님의 한 제자로 십자가 앞에 있다고 가정해 보라. 예수님이 당하신 이 수치들 중 어떤 부분이 당신으로서 가장 지켜보기 힘들었겠는가?

4. "십자가에서 예수님은 범죄자의 수치와 치욕을 맛보셨다. 그분은 죄가 없었다. 그러나 우리는 죄인이었다. 그분은 단 한 가지도 죄를 범하신 일이 없었다. 그러나 우리는 죄를 범했다. 그분께 사형

선고는 부당한 것이었다. 그러나 우리에게는 마땅한 것이었다."

1) 당신과 나는 어떤 면에서 "범죄자"인가?

2) 그리스도를 믿으려면 자신이 참으로 "범죄자"임을 믿어야 한다. 왜 그것이 반드시 선행되어야 할까?

5. "예수님은 이음매 없는 순결의 옷을 내게 내주시고, 자신은 교만 과 탐욕과 이기심으로 누덕누덕 기운 내 추한 옷을 대신 입으신 다."

1) 우리는 예수님이 내주시는 이음매 없는 순결의 옷을 어떻게 받아들 일 수 있을까? 당신은 받아들인 적이 있는가? 설명해 보라.

2) "교만과 탐욕과 이기심으로 누덕누덕 기운 내 추한 옷"을 우리는 어 떻게 해야 할까? 그 일은 구체적으로 어떻게 이루어지는가?

말씀 묵상

1. 요한복음 19장 23-24절을 읽으라.

1) 군인들은 예수님의 옷을 어떻게 했는가? 왜 그렇게 했을까?

2) 군인들은 왜 예수님의 옷을 찢지 않았을까?

3) 자기도 모르게 한 군인들의 행동으로 어떤 예언이 성취됐는가?

2. 베드로전서 2장 24-25절, 3장 18절과 갈라디아서 3장 13절을 읽으라.

1) 베드로전서 2장 24절에 의하면 예수님은 우리의 죄를 어떻게 하셨는가? 그 결과는 무엇인가?

2) 베드로전서 3장 18절에 나오는 "단번에"라는 표현의 의미는 무엇인가? 이 사실을 잊지 않는 것이 왜 중요한가? 그분의 죽음의 목적은 무엇인가?

3) 갈라디아서 3장 13절에서 율법은 우리에게 왜 "저주"였는가? 이 저주는 어떻게 제해졌는가? 그것을 통해 어떤 예언이 성취됐는가?

3. 갈라디아서 3장 26-29절과 로마서 13장 8-14절을 읽으라.

1) 갈라디아서 3장 26절에 따르면 사람은 어떻게 하나님의 자녀가 되는 가? 어떻게 그리스도로 옷 입는가? (27절 참고) 이 말의 의미는 무엇 일까?

2) 갈라디아서 3장 29절에 따르면 그리스도로 옷 입을 때 어떤 유익이 따르는가? 이 말은 개인적으로 당신에게 어떤 의미를 주는가?

3) 로마서 13장 11절에서 바울은 "우리의 구원"과 "처음 믿을 때"를 왜 구분하고 있는가? 그 둘은 어떤 관계가 있는가? 서로 어떻게 다른 가?

4) 로마서 13장 14절에 나오는 "오직 주 예수 그리스도로 옷 입고"라는 바울의 말은 무슨 뜻인가? 바울은 갈라디아서 3장 27절에서도 동일 한 비유를 사용한 적이 있는데, 이 둘은 서로 다른 것인가? 설명해 보라.

적용 실천

1. 그리스도의 솔기 없는 성품 중 당신이 가장 "입기" 어려운 부분 은 어떤 것들인가? 당신의 삶에서 가장 힘든 영역들은 어디인가? 그 영역들에서 당신은 어떻게 "그리스도로 옷 입을" 수 있겠는 가? 당신 삶의 모든 영역을 자세히 살펴보라.

그리고 경건한 성품을 개발하는 데 당신이 당면한 가장 커다란 숙제를 세 가지만 꼽아보라. 잠시 시간을 내서 그 문제들을 주님 앞에 가지고 가라. 그 어려운 영역들에서 "그리스도로 옷 입을" 수 있게 해달라고 그분께 도움을 구하라.

2. 구호 기관이나 노숙자 센터나 지역 교회의 자선 단체를 방문해 보라. 배고픈 이들에게 음식을 나눠주거나 건물 안팎을 청소하는 일에 시간을 써보라. 사전에 전화를 걸어, 그곳에서 필요한 음식과 옷을 확인하여 쓸 만한 좋은 것으로 가지고 가라. 그리스도로 인해 입게 된 자신의 새로운 영적 옷을 이런 나눔의 시간을 계기로 다시금 되새겨 보라. 그리고 감사하라.

9장

나의 임재로 너를 부른다

찢긴 몸을 통한 하나님의 약속

그분의 몸은 찢겼다. 채찍질에 찢겼고 가시에 찢겼다.

십자가의 무게와 못의 구멍으로 찢겼다.

그러나 처참하게 찢긴 그 몸을 통해 영광의 문이 열렸다.

그 길은 우리를 위하여 휘장 가운데로 열어놓으신 새로운 살 길이요
휘장은 곧 그의 육체니라

히브리서 10:20

이는 그로 말미암아 우리 둘이 한 성령 안에서
아버지께 나아감을 얻게 하심이라

에베소서 2:18

그러므로 우리는 긍휼하심을 받고 때를 따라 돕는 은혜를 얻기 위하여
은혜의 보좌 앞에 담대히 나아갈 것이니라

히브리서 4:16

우리 앞에 가로막힌 장벽

어떤 사람이 백악관 앞에 서 있다고 가정해 보자. 아니, 당신이 백악관 앞에 서 있다고 해보자.

당신은 길에 서서 담장 너머 잔디밭 저편의 대통령 관저를 들여다보고 있다. 깨끗이 차려입은 당신, 머리도 단정하고 구두는 반짝반짝 윤이 난다. 입구 쪽으로 다가간다. 걸음은 기품이 있고 당당하다. 그럴 수밖에. 당신은 다름 아닌 대통령을 만나러 온 것이다.

당신은 대통령에게 진정하고 싶은 문제들을 몇 가지 가지고 왔다.

첫째, 당신 집 앞의 소화전 문제다. 빨간색을 약간 은은하게 바꿀 수는 없을까? 색깔이 너무 튄다.

다음, 세계 평화의 문제가 있다. 당신은 세계 평화를 원한다. 대통령이 해결해 줄 수는 없을까?

끝으로, 대학 등록금이 너무 비싸다. 대통령이 당신의 딸이 다니는 대학의 관계 부서에 전화를 걸어 등록금을 내리라고 말해줄 수는 없을까? 대통령의 말이라면 효과가 있을지도 모를 일이다.

모두 다 중요한 문제다. 그렇지만 단 몇 분이면 될 것이다. 게다가 당신은 대통령에게 주려고 과자도 가져왔다. 대통령은 그 과자를 퍼스트레이디와 백악관 강아지에게 나눠줄 수 있으리라. 손에는 과자 봉지를 들고 얼굴에는 웃음을 머금은 채 당신은 정문 앞에 서서 경비원에게 말한다.

"대통령을 만나보고 싶습니다."

경비원은 당신의 이름을 묻고 당신은 이름을 댄다. 경비원은 당신을 보고는 이어 손에 들고 있는 방문객 목록을 본다. "당신은 예약 명부에 적혀 있지 않습니다."

"예약을 해야 됩니까?"

"예."

"어떻게 예약합니까?"

"사무실 직원을 통해서 합니다."

"전화번호 좀 알 수 있을까요?"

"안 됩니다. 아무나 걸 수 있는 번호가 아닙니다."

"그럼 이 안에 어떻게 들어갈 수 있습니까?"

"이쪽에서 부를 때까지 기다려야 됩니다."

"하지만 백악관 사람들은 나를 모르는데요!"

"그렇다면 부를 일도 없겠군요." 경비원이 어깨를 으쓱해 보인다.

결국 당신은 한숨을 내쉬고 돌아서서 집으로 발걸음을 옮기기 시작한다. 당신이 준비한 질문은 물어보지도 못했고 당연히 아무 소득도 얻지 못했다.

하지만 정말 근처에까지 갔었다! 행여 대통령이 잔디밭으로 나오기라도 했다면 당신은 손을 흔들었을 것이고 대통령도 되받아 손을 흔들었을지 모른다. 당신이 서 있는 곳에서 백악관 현관까지는 불과 몇 미터밖에 되지 않았다. 그러나 그 몇 미터가 천리만리일 수도 있다. 당신과 대통령 사이에는 담장과 경비원이 가로막고 있었다.

경호실 문제도 있다. 설사 당신이 안으로 들어갔다 치더라도 경호실 사람들이 당신을 제지했을 것이다. 백악관 직원들도 마찬가지였을 것이다. 장벽이 너무 많았다.

보이지 않는 장벽은 또 어떤가? 시간의 장벽(대통령은 너무 바쁘다). 신분의 장벽(당신은 정계에 아는 사람이 없다). 원칙의 장벽(올바른 경로를 통해야 한다). 당신은 혹독한 교훈 하나만 배우고 백악관을 떠난다. 당신은 대통령 앞에 나아갈 수 없다. 군 최고 통수권자와의 대화는? 그런 일은 없을 것이다. 당신은 평화 문제며 소화전에 대한 질문을 그대로 안고 돌아가야 한다.

대통령 쪽에서 먼저 나서지 않는 한 말이다. 대통령이 길가에 서 있는 당신을 보고는 딱한 사정을 불쌍히 여겨 비서실장에게 이렇게 말하지 않는 한 말이다. "저기 과자 봉지 들고 서 있는 사람이 보입니까? 가서 내가 잠시 얘기를 나누고 싶다고 전하시오."

만약 대통령이 그런 명령을 내린다면 모든 장벽은 무너진다. 백악관 집무실은 경호실장에게 연락할 것이고 경호실장은 경비원에게 연락할 것이고 경비원은 당신의 이름을 부를 것이다. "별일이네요. 영문은 모르겠지만 집무실 문이 당신에게 활짝 열렸군요."

당신은 걸음을 멈추고 돌아선다. 조금 전까지만 해도 입장이 거부됐던 그 문으로 어깨를 펴고 당당히 들어선다. 경비원은 조금 전과 같은 사람이다. 문도 똑같다. 경호실 직원들도 똑같다. 그러나 상황이 달라졌다. 전에는 갈 수 없던 곳을 이제 갈 수 있게 된 것이다.

그뿐 아니다. 당신도 달라졌다. 이제 자신이 선택받은 특별한 존재로 느껴진다. 왜? 높은 사람이 낮은 당신을 보았고, 들어오게 해주었기 때문이다.

당신 말이 맞다. 다 공상 속의 이야기다. 대통령의 집에서 초청장을 보낼 리가 없다는 것은 당신도 알고 나도 안다. 꿈 깰 일이다. 하지만 하나님의 집이라면 다르다. 손에 쥔 과자 봉지를 들고 어서 들어가라. 초청장이 이미 왔기 때문이다.

찢어진 휘장

그분은 당신을 눈여겨보셨다. 그분은 당신의 말을 들으셨다. 그리고 당신을 초대하셨다. 한때 당신을 막았던 벽이 이제 허물어졌다. "이제는 전에 멀리 있던 너희가 그리스도 예수 안에서 그리스도의 피로 가까워졌느니라"(에베소서 2:13). 당신과 하나님 사이에 남은 것이라곤 열린 문뿐이다.

하지만 어떻게 그럴 수 있을까? 대통령을 보러 들어갈 수 없는 우리가 어떻게 하나님을 알현할 수 있단 말인가? 어떻게 된 일일까? 한마디로 말해서 누군가 커튼을 젖혔다. 누군가 휘장을 찢은 것이다. 그리스도의 죽음을 통해 당신과 내게 문이 열리는 사건이 벌어졌다. 그 사건을 히브리서 기자는 이렇게 적었다.

> 그러므로 형제들아 우리가 예수의 피를 힘입어 성소에 들어갈 담력을 얻었나니 그 길은 우리를 위하여 휘장 가운데로 열어 놓으신 새로운 살 길이요 휘장은 곧 그의 육체니라 ___ 히브리서 10:19-20

이 편지의 첫 독자들에게 마지막 네 단어는 그야말로 청천벽력 같은 말이었다. "휘장은 곧 그의 육체니라." 성경에 따르면 휘장은 곧 예수님이다. 따라서 예수님의 몸에 일어난 일이 그대로 휘장에도 일어났다. 예수님의 몸에 어떤 일이 일어났는가? 그분의 몸은 찢겼다. 채찍질에 찢겼고 가시에 찢겼다. 십자가의 무게와 못의 구멍으로 찢겼다. 그러나 처참하게 찢긴 그 몸을 통해 영광의 문이 열렸다.

"예수께서 다시 크게 소리 지르시고 영혼이 떠나시니라 이에 성소 휘장이 위로부터 아래까지 찢어져 둘이 되고"(마태복음 27:50-51).

휘장이란 바로 성전의 휘장을 말한다. 지성소 앞에 걸려 있던 휘장이다.

알다시피 지성소란 아무도 들어갈 수 없는 성전의 한 부분이었다. 유대인 예배자들은 바깥뜰까지 들어갈 수 있었다. 그러나 성소 안에는 제사장들만 들어갈 수 있었다. 지성소에는 일 년에 한 번 대제사장을 제외하고는 아무도 들어갈 수 없었다. 아무도. 왜? 여호와의 영광, 하나님의 임재의 영광이 그곳에 있었기 때문이다.

누군가 당신에게 백악관 집무실을 마음대로 드나들어도 좋다고 말한다면 당신은 필시 고개를 내저을 것이다. 그럴 리 없다는 듯 웃으며 말할 것이다. "코앞에까지는 가도 그 안에는 안 된다오." 그럴 리 없다는 그 마음에 1,000을 곱해보라. 누군가한 유대인에게 지성소에 마음대로 들어가도 좋다고 말할 때그 유대인이 느낄 심정이 바로 그런 것이다. "무슨 말을 그렇게 하시오? 뜰 안에까지는 가도 거기만은 안 된다오."

대제사장 외에는 아무도 지성소에 들어갈 수 없었다. 아무도. 들어가는 것은 곧 죽음을 의미했다. 아론의 두 아들이 하나

님께 제물을 바치러 지성소에 들어갔다가 죽었다(레위기 16:1-
2). 휘장이란 그 자체가 분명한 선포였다. "출입 금지!"

1,500년간 휘장에 가려 있던 지성소는 무엇을 말하는가?
간단하다. 하나님은 거룩하신 분이다. 우리와 구별되어 계신
분이며 감히 다가갈 수 없는 분이다. 모세도 이런 말을 들었다.
"네가 내 얼굴을 보지 못하리니 나를 보고 살 자가 없음이니
라"(출애굽기 33:20). 하나님은 거룩하시며 우리는 죄인이다. 그
분과 우리 사이에는 거리가 있다.

이것이 우리의 문제 아닌가? 우리는 하나님이 선하신 분임
을 안다. 우리가 선하지 못하다는 것도 안다. 그리하여 하나님
께 거리감을 느낀다. 욥의 말이 그대로 우리의 고백이다. "우리
둘[하나님과 나] 위에 손을 얹고 둘 사이를 판단해 줄 판결자도
없으니 참 답답하구나"(욥기 9:33, 쉬운성경).

오, 하지만 계신다! 예수님은 하나님을 접근 불가능의 자리
에 그냥 두신 채 우리를 떠나시지 않았다. 맞다, 하나님은 거룩
하시다. 맞다, 우리는 죄인이다. 그러나 그보다 두 배 세 배 더
맞는 사실이 있다. 예수님은 우리의 중보자시다. "하나님은 한
분이시요 또 하나님과 사람 사이에 중보자도 한 분이시니 곧
사람이신 그리스도 예수라"(디모데전서 2:5). 중보자란 둘 사이

를 "이어주는" 사람이 아니던가? 예수님은 우리와 하나님 사이를 이어주던 휘장이 아니었던가? 그리고 그분의 육체가 찢기시지 않았던가?

인간의 잔인함처럼 보인 그것이 실은 하나님의 주권이었다. 마태는 이렇게 말한다. "예수께서 다시 크게 소리 지르시고 영혼이 떠나시니라 이에 성소 휘장이 위로부터 아래까지 찢어져 둘이 되고"(마태복음 27:50-51).

마치 천국의 손이 휘장을 붙들고서 이 순간만 고대해 온 것 같다. 휘장이 얼마나 컸는지 아는가? 높이는 1.8미터였고 길이는 9.1미터였다.[1] 원래 하나였던 휘장이 한순간 위로부터 아래까지 찢어져 둘이 되었다. 지체되지 않았다. 잠시의 망설임도 없었다.

찢어진 휘장은 무엇을 뜻하는가? 유대인들에게 그것은 자신과 지성소 사이에 더 이상 장벽이 없다는 뜻이었다. 그들과 하나님 사이를 이어줄 제사장이 더 이상 필요 없다. 그들의 죄를 속해줄 동물 제사도 더 이상 필요 없다.

마음속 휘장을 치우라

우리에게는? 찢어진 휘장이 우리에게 주는 의미는 무엇일까?

우리는 이제 언제 어디서나 하나님의 임재 안에 들어갈 수 있다. 우리와 하나님을 갈라놓던 장벽을 그분이 제하셨다. 죄의 장벽? 없어졌다. 그분이 휘장을 걷어치우셨다.

그런데도 우리는 장벽을 다시 쌓아 올리려는 버릇이 있다. 성전에는 휘장이 없는데 우리 마음에는 휘장이 있다. 시계의 초침 소리만큼이나 우리 마음에는 실수가 끊이지 않는다. 때로, 아니 시도 때도 없이 우리는 그 실수가 장벽인 양 하나님과 거리를 둔다. 양심의 가책이 휘장이 되어 우리와 하나님 사이를 갈라놓는 것이다.

그렇게 우리는 주님으로부터 숨는다.

우리 집 강아지 솔티가 바로 그렇다. 솔티는 쓰레기통에 들어가서는 안 된다는 것을 잘 안다. 하지만 집에 사람이 없으면 솔티의 어두운 면이 고개를 쳐든다. 쓰레기통에 음식이 있으면 그 유혹을 견디지 못하고는 끝내 뒤져서 잔치를 벌인다.

지난번에도 그랬다. 집에 와보니 솔티가 보이지 않았다. 쓰레기통만 넘어져 있고 솔티는 온데간데없었다. 처음에는 화가 났지만 곧 그냥 넘겼다. 나라도 하루 종일 집에 갇혀 개밥만 먹는다면 조금은 쓰레기통도 뒤져보리라. 나는 어질러진 쓰레기통 주변을 치운 뒤 그 일을 까맣게 잊어버리고 하루를 지냈다.

그러나 솔티는 그렇지 못했다. 계속 거리를 두며 피해 다녔다. 마침내 내 눈에 띄던 순간 솔티는 꼬리를 양다리 사이에 문 채 귀가 축 늘어져 있었다. 그때 나는 깨달았다. '내가 자기한테 화난 줄 아는구나. 자기 실수를 내가 벌써 잊어버렸다는 걸 모르고 있어.'

뻔한 적용이지만 굳이 표현해 보자면 이렇다. 하나님은 당신에게 화나 있지 않으시다. 그분은 당신의 실수를 벌써 잊어버리셨다.

언젠가 어디선가 어떻게든 당신도 쓰레기통을 어질러놓은 일이 있다. 그러고는 하나님을 피해 다녔다. 죄책감이라는 휘장이 당신과 아버지 사이에 끼어들게 놔두었다. 다시는 하나님과 가까워질 수 없을 것만 같다. 그러나 찢겨진 육체가 주는 메시지는 바로 이것이다. 당신은 다시 하나님과 가까워질 수 있다. 하나님은 당신을 반겨주신다. 하나님은 당신을 피하시지 않는다. 하나님은 당신을 밀쳐내시지 않는다. 휘장은 찢어졌다. 문이 열렸다. 하나님이 당신을 안으로 부르신다.

자신의 양심을 믿지 말라. 십자가를 믿으라. 피가 흘려졌고 휘장이 찢어졌다. 당신은 얼마든지 하나님의 임재 안에 들어갈 수 있다. 과자 봉지도 필요 없다.

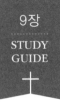

9장
STUDY
GUIDE
✝

나의 임재로
너를 부른다

스티브 핼리데이Steve Halliday 엮음

깊은 생각

1. "1,500년간 휘장에 가려 있던 지성소는 무엇을 말하는가? 간단
하다. 하나님은 거룩하신 분이다. 우리와 구별되어 계신 분이며
감히 다가갈 수 없는 분이다."

1) "거룩하다"는 말이 당신에게는 어떤 의미로 다가오는가? 이 단어를
한 번도 들어보지 못한 사람에게 그 뜻을 뭐라고 설명해 줄 수 있겠
는가?

2) 하나님은 왜 자신의 거룩함을 우리에게 알리려 하실까? 그것은 왜 중
요할까?

2. "예수님은 하나님을 접근 불가능의 자리에 그냥 두신 채 우리를
떠나시지 않았다. 맞다, 하나님은 거룩하시다. 맞다, 우리는 죄인
이다. 그러나 그보다 두 배 세 배 더 맞는 사실이 있다. 예수님은
우리의 중보자시다."

184

1) 중보자의 역할은 무엇인가? 예수님은 어떻게 하나님과 우리 사이를 중보하시는가?

2) 예수님을 통해 하나님은 어떻게 접근 가능한 분이 되셨는가? 당신은 얼마나 자주 하나님께 마음 놓고 나아갈 수 있는가?

3. "우리는 이제 언제 어디서나 하나님의 임재 안에 들어갈 수 있다. 우리와 하나님을 갈라놓던 장벽을 그분이 제하셨다. 죄의 장벽? 없어졌다. 그분이 휘장을 걷어치우셨다."

1) 우리는 이제 하나님의 임재에 들어갈 수 있는 정도가 아니라 언제 어디서나 들어갈 수 있게 됐다. 어떤 면에서 그런가? 그 둘은 어떻게 다른가?

2) 여기 걷혀진 "휘장"이란 무엇인가? 어떻게 걷혀졌는가?

4. "우리는 장벽을 다시 쌓아 올리려는 버릇이 있다. 성전에는 휘장이 없는데 우리 마음에는 휘장이 있다. 시계의 초침 소리만큼이나 우리 마음에는 실수가 끊이지 않는다. 때로, 아니 시도 때도 없이 우리는 그 실수가 장벽인 양 하나님과 거리를 둔다. 양심의

가책이 휘장이 되어 우리와 하나님 사이를 갈라놓는 것이다."

1) 당신은 "장벽을 다시 쌓아 올리려는 버릇" 때문에 혹 고생하고 있는가? 그렇다면, 당신에게 자주 장벽이 되는 것은 무엇인가?

2) 죄책감이 장벽이 되어 당신과 하나님 사이를 갈라놓는 것을 어떻게 막을 수 있겠는가?

5. "언젠가 어디선가 어떻게든 당신도 쓰레기통을 어질러놓은 일이 있다. 그러고는 하나님을 피해 다녔다. 죄책감이라는 휘장이 당신과 아버지 사이에 끼어들게 놔두었다. 다시는 하나님과 가까워질 수 없을 것만 같다. 그러나 찢겨진 육체가 주는 메시지는 이것이다. 당신은 다시 하나님과 가까워질 수 있다. 하나님은 당신을 반겨주신다. 하나님은 당신을 피하시지 않는다. 하나님은 당신을 밀쳐내시지 않는다. 휘장은 찢어졌다. 문이 열렸다. 하나님이 당신을 안으로 부르신다."

1) 당신의 삶 속에서 하나님을 피하려 했던 때를 얘기해 보라. 그 위기를 결국 어떻게 해결했는가?

2) 하나님께 가는 문이 닫혀 있다는 느낌과 실제로 문이 닫혀 있는 것은 서로 어떻게 다른가?

말씀 묵상

1. 레위기 10장 1-3절, 16장 1-2절을 읽으라.

  1) 레위기 10장에서 아론의 두 아들은 왜 죽었는가? 누가 죽였는가? 이 사건은 우리에게 어떤 교훈을 주는가?

  2) 레위기 16장에서 아론이 받은 말씀은 무엇인가? 이 말씀은 하나님께 나아감에 있어 그에게 (그리고 우리에게) 어떤 교훈을 주는가?

2. 마태복음 27장 50-51절을 읽으라.

  1) 예수께서 마지막으로 소리 지르시자 무슨 일이 벌어졌는가?

  2) "위로부터 아래까지"라는 말에는 어떤 중요한 의미가 담겨 있는가?

3. 에베소서 2장 13-18절을 읽으라.

  1) 13절에 의하면 우리는 어떻게 하나님과 가까워졌는가?

  2) 15-16절에서, 예수님은 어떻게 막힌 담을 허셨는가?

3) 18절에 의하면 우리는 어떻게 아버지께 나아감을 얻었는가?

4. 디모데전서 2장 5-6절을 읽으라.

   1) 하나님과 인간 사이의 중보자는 누구인가? 중보자는 한 명 이상인
      가? 설명해 보라.

   2) 6절에서, 예수님이 하신 일은 무엇인가? 이 행위로 그분은 무엇을 이
      루셨는가?

5. 히브리서 10장 19-22절, 4장 16절을 읽으라.

   1) 히브리서 10장 19절에 따르면 우리는 어떤 태도로 하나님께 나아갈
      수 있는가? 그것이 어떻게 가능한가?

   2) 히브리서 10장 20절은 예수님의 몸을 무엇에 비유하고 있는가? 왜
      이런 비유를 하고 있는가?

   3) 22절에 따르면 우리는 예수님이 우리를 위해 해주신 일에 어떻게 반
      응해야 하는가? "양심의 가책"은 어떻게 해야 할까?

4) 히브리서 4장 16절에서, 우리는 하나님께 어떻게 나아가야 하는가? 우리는 왜 기도로 주님께 나아가야 하는가?

적용 실천

1. 기도에 대한 좋은 책을 한 권 찾아 이번 달 동안 읽어보라. 읽으면서 특별히 마음에 와닿는 깨달음을 노트에 적어보라.

2. 현재 기도 노트를 쓰고 있지 않다면 한 달 동안 써보라. 조그만 노트를 한 권 구해서, 한쪽에는 구체적인 기도 제목과 기도한 날짜를 적으라. 옆 칸은 비워두었다가 하나님이 기도에 응답하시는 시기와 방법을 써넣으라.

10장

너의 아픔을 다 이해한다

포도주 적신 해면에 담긴 하나님의 약속

왜 그분은 그 모든 감각을 견디신 것일까?

당신도 그런 아픔을 느끼리라는 것을 그분은 아셨다.

목마른 그리스도의 모습에서 우리가 깨닫는 진리는,

그분은 이해하신다는 것이다.

찬송하리로다 그는 우리 주 예수 그리스도의 하나님이시요
자비의 아버지시요 모든 위로의 하나님이시며 우리의 모든 환난 중에서
우리를 위로하사 우리로 하여금 하나님께 받는 위로로써
모든 환난 중에 있는 자들을 능히 위로하게 하시는 이시로다
그리스도의 고난이 우리에게 넘친 것 같이
우리가 받는 위로도 그리스도로 말미암아 넘치는도다

고린도후서 1:3-5

여호와께서 그의 백성을 위로하셨은즉
그의 고난 당한 자를 긍휼히 여기실 것임이라

이사야 49:13

우리에게 있는 대제사장은 우리의 연약함을 동정하지 못하실 이가 아니요
모든 일에 우리와 똑같이 시험을 받으신 이로되 죄는 없으시니라

히브리서 4:15

예수께서 눈물을 흘리시더라

요한복음 11:35

우리를 이해하시는 예수님

쥐에게 걱정하지 말라고 설득해 본 일이 있는가? 쥐가 느끼는 공포를 가라앉혀 보았는가? 그렇다면 당신은 나보다 지혜로운 사람이다. 나는 시도해 봤지만 성공하지 못했다. 내가 쥐를 위로하는 말은 쥐 귀에 경 읽기가 되고 말았다.

쥐가 친절한 대접을 받을 만한 자격이 있어서 달랬던 것은 절대 아니다. 쥐 때문에 데닐린이 비명을 질렀기 때문이다. 비명 때문에 차고가 흔들렸다. 그 바람에 나는 단잠에서 깨어 소파에서 벌떡 일어나 아내와 조국의 수호에 부름을 받았다. 자랑스러웠다. 나는 어깨에 힘을 잔뜩 주고 차고로 들어갔다.

쥐는 그야말로 독 안에 든 쥐 신세였다. 나는 가라대며 태권도며 몇몇 무술 용어를 알고 있었다. 호신술에 대한 광고도 본 적이 있었다. 이 쥐야말로 잘못 걸렸다.

게다가 쥐는 빈 쓰레기통 안에 갇혀 있었다. 어쩌다 그 안에 들어갔는지는 아무도 모른다. 내가 쥐에게 물었더니 대답 대신 쓰레기통 밑바닥을 정신없이 날뛸 뿐이었다.

가련한 녀석은 수염 끝까지 온통 겁에 질려 있었다. 누군들 그렇지 않으랴. 한번 상상해 보라. 플라스틱 통 안에 꼼짝없이 갇혀 위를 올려다보니 잘생기긴 했지만 커다란 인간의 얼굴밖에 보이지 않는다. 그것만으로도 백기를 들기에 충분하리라.

"쥐를 어떻게 하려고요?" 데날린이 두려움을 떨치려 내 팔을 꼭 붙들며 물었다.

"걱정 말아요, 여보." 잔뜩 허세가 들어간 내 대답에 아내는 안심하는 눈치였다. 서부의 사나이 존 웨인이라도 부러웠으리라. "불쌍한데 살살 대해줘야지."

그렇게 나는 쥐가 든 쓰레기통을 들고 막다른 골목을 지나 공터로 갔다. "당장 집으로 돌려보내 줄 테니 내 말만 잘 들어, 이 생쥐야." 쥐는 듣지 않았다. 쓰레기통에 뚜껑을 덮지 않았다면 쥐는 뛰쳐나왔을 것이다. 나는 설명해 주었다. "널 해치려는 게 아냐. 놓아주려는 거야. 네가 고생을 자초했잖아. 내가 도와줄게."

쥐는 진정하지 않았다. 가만히 있지 않았다. 죽어도 나를 믿지 않았다. 결국 쓰레기통을 바닥에 기울여 자기를 풀어줬는데도 돌아서서 고맙다는 말 한마디 없었다. 자기네 집으로 불러 식사를 대접하지도 않았다. 천만의 말씀. 그저 내뺐을 뿐이다. ("조심해! 다들 조심해! 쥐를 미워하는 맥스라는 인간이 왔어!" 쥐의 고함소리는 내 상상에 지나지 않았을까?)

어떻게 하면 내가 쥐에게 믿음을 줄 수 있었을까? 쥐의 언어를 배워야 했을까? 나도 눈을 쥐처럼 말똥말똥 뜨고 긴 꼬리를 달아야 했을까? 함께 쓰레기통 안에라도 들어가야 했을까? 좋다. 하지만 안 될 말이다. 물론 귀여운 쥐였지만 그렇다고 그런 대우까지 받을 가치는 없지 않은가.

하지만 당신과 나는 그런 대우를 받을 가치가 있다. 그분이 보시기에 말이다.

인간이 쥐가 된다면 황당한 얘기 아닌가? 당신의 집에서 쓰레기통까지의 거리는 천국에서 이 땅까지의 거리에 비하면 턱없이 짧다. 그러나 예수님은 그 먼 길을 오셨다. 왜?

예수님은 우리가 그분을 믿기 원하신다.

잠시 함께 생각해 보자. 예수님은 왜 이 땅에서 33년이라는 긴 시간을 사셨을까? 그보다 훨씬 짧게 사실 수도 있지 않았을까? 왜 우리의 죄를 위해 죽으시는 데 필요한 시간만큼만 이 세상에 들어왔다 떠나시지 않았을까? 왜 1년 혹은 1주일간의 죄 없는 삶으로는 안 됐을까? 왜 일생을 다 사셔야 했을까? 우리의 죄를 지시는 것도 큰일이다. 하지만 피부가 땡볕에 타거나 심한 목감기까지 걸리신다는 것은? 죽음을 맛보시는 것도 좋다. 하지만 삶을 견뎌낸다는 것은? 머나먼 길과 기나긴 하루와 사람들의 짜증을 견딘다는 것은? 왜 그런 것들까지 견디신 것일까?

우리가 그분을 믿기 원하시기 때문이다. 이 땅에서의 그분의 마지막 몸짓조차도 당신의 마음을 얻으시기 위한 것이었다.

그 후에 예수께서 모든 일이 이미 이루어진 줄 아시고 성경을 응하게 하려 하사 이르시되 내가 목마르다 하시니 거기 신 포도주가 가득히 담긴 그릇이 있는지라 사람들이 신 포도주를 적신 해면을 우슬초에 매어 예수의 입에 대니 예수께서 신 포도주를 받으신 후에 이르시되 다 이루었다 하시고 머리를 숙이니 영혼이 떠나가시니라 __ 요한복음 19:28-30

이것이 예수님의 생애 마지막 행위다. 지상의 작문을 마무리하는 문장으로 우리는 한 목마른 인간의 음성을 듣는다.

그 목마름을 통해, 그리고 해면과 싸구려 포도주가 담긴 그릇을 통해, 그분은 마지막으로 호소하신다.

"나를 믿어도 좋다."

예수님의 입술이 갈라지고 입이 부르튼다. 목이 너무 타들어가 침조차 삼킬 수 없다. 목소리는 잔뜩 쉬어 말조차 나오지 않는다. 그분은 목마르다. 그분의 입술에 마지막 물기가 닿았던 때를 찾으려면 다락방의 식사 때로 족히 열두 시간은 거슬러 올라가야 한다. 거기서 포도주를 입에 대신 후 예수님은 맞고 침 뱉음 당하고 멍들고 찢겼다. 십자가를 지셔야 했고 죄를 지셔야 했다. 단 한 방울의 물도 그분의 목을 적셔주지 못했다. 그분은 목마르다.

왜 그분은 가만히 계시는 걸까? 얼마든지 능력이 있지 않은가? 항아리에 담긴 물을 포도주로 바꾸시지 않았던가? 요단 강에 벽을 세우고 홍해가 갈라지게 하시지 않았던가? 말씀 한마디로 비가 그치게 하시고 파도를 잔잔케 하시지 않았던가? 성경은 그분이 "광야가 변하여 못이 되게 하시며"(시편 107:35) "차돌로 샘물이 되게"(시편 114:8) 하셨다고 말하지 않는가?

하나님은 "나는 목마른 자에게 물을 주며"(이사야 44:3)라고 하시지 않았던가?

이런 질문에 덧붙여 물어야 할 질문이 또 있다. 그분은 왜 사마리아에서 피곤하셨고(요한복음 4:6) 나사렛에서 괴로우셨고(마가복음 6:6) 성전에서 화나셨을까?(요한복음 2:15) 왜 갈릴리 바다의 배 안에서 주무셨고(마가복음 4:38) 나사로의 무덤에서 슬프셨으며(요한복음 11:35) 광야에서 배고프셨을까?(마태복음 4:2)

왜? 그분은 왜 십자가에서 목마르셨을까?

그분은 목말라 괴로워하시지 않아도 됐다. 적어도 그 정도까지는 아니어도 됐다. 여섯 시간 전에 누군가 그분께 마실 것을 드렸지만 그분은 거부하셨다.

> 예수를 끌고 골고다라 하는 곳(번역하면 해골의 곳)에 이르러 몰약을 탄 포도주를 주었으나 예수께서 받지 아니하시니라 십자가에 못 박고 그 옷을 나눌새 누가 어느 것을 가질까 하여 제비를 뽑더라 ＿ 마가복음 15:22-24

예수님을 못 박기 전에 마실 것을 드렸었다. 마가는 그 포도주에 몰약을 탔다고 말한다. 마태는 쓸개 탄 포도주라고 표현했다. 몰약과 쓸개에는 둘 다 감각을 마취시키는 진통 성분이 들어 있다. 예수님은 그것을 받지 않으셨다. 약물의 마취를 거부하셨다. 고통을 그대로 다 느끼려 하신 것이다.

왜? 왜 그분은 그 모든 감각을 견디신 것일까? 당신도 그런 아픔을 느끼리라는 것을 아셨기 때문이다.

당신도 피곤하고 괴롭고 화나리라는 것을 그분은 아셨다. 당신도 아픔에 부딪치리라는 것을 그분은 아셨다. 몸의 아픔이 아니라면 영혼의 아픔을… 너무 아파 약물로도 덜 수 없는 아픔을. 당신도 목마르리라는 것을 그분은 아셨다. 물의 목마름이 아니라면 적어도 진리의 목마름을. 목마른 그리스도의 모습에서 우리가 깨닫는 진리는, 그분은 이해하신다는 것이다.

그분이 이해하시기에 우리는 그분께 갈 수 있다.

그분이 이해하시지 못한다면 우리는 그분께 갈 수 없지 않은가? 우리는 이해심 없는 사람에게 다가가던가? 당신이 재정 상태가 안 좋아 낙심하고 있다고 하자. 당신은 이해할 만한 친구의 조언이 필요하다. 그럴 때 당신은 억만장자의 아들한테 가겠는가? (당신한테 필요한 것은 조언이지 동냥이 아님을 잊지 말라) 막대한 유산을 상속받은 사람을 찾아가겠는가? 아닐 것이다. 왜? 그 사람은 이해하지 못할 것이다. 십중팔구 그 사람은 당신이 처한 자리에 한 번도 처해보지 못했을 것이다. 그러니 당신의 심정을 어찌 헤아릴 수 있겠는가?

그러나 예수님은 당신의 입장에 처해보셨고 그래서 당신의 심정을 헤아리실 수 있다. 그분은 당신의 자리에 가보셨고 그래서 당신의 마음을 아신다. 그분이 이 땅에서 사신 삶으로도 당신에게 증거가 부족하다면 그분이 십자가에서 죽으신 죽음이야말로 충분한 증거가 된다. 그분은 당신이 겪고 있는 일을 이해하신다. 우리 주님은 우리에게 마음에도 없는 선심을 쓰거나 우리의 필요를 비웃지 않는다. 그분은 "모든 사람에게 후히 주시고 꾸짖지 아니하신다"(야고보서 1:5). 어떻게 그러실 수 있을까? 그 답을 히브리서 기자보다 명쾌히 지적한 사람은 없다.

우리에게 있는 대제사장은 우리의 연약함을 동정하지 못하실 이가 아니요 모든 일에 우리와 똑같이 시험을 받으신 이로되 죄는 없으시니라 그러므로 우리는 긍휼하심을 받고 때를 따라 돕는 은혜를 얻기 위하여 은혜의 보좌 앞에 담대히 나아갈 것이니라 ___ 히브리서 4:15-16

왜 천국은 갈증에 타들어 갔을까? 그분이 이해하신다는 것을 우리가 알게 하시기 위해서다. 고통당하는 모든 자들이 그분의 초청의 말을 듣게 하시기 위해서다. "나를 믿어도 좋다."

믿을 만한 분이 되시는 예수님

포도주와 해면에 관한 본문에는 '믿는다'는 단어는 나오지 않지만 그분을 더욱 쉽게 믿게 해주는 문구가 등장한다. 목마르다는 말 앞에 등장하는 문장을 보라. "성경을 응하게 하려 하사 이르시되 내가 목마르다 하시니"(요한복음 19:28). 이 구절에서 요한은 예수님이 목마르다고 말씀하신 동기를 보여주고 있다. 우리 주님은 성경이 응해야 함을 염두에 두셨다. 사실 성경의 응함은 수난 사건에 계속 되풀이되는 주제다. 다음 몇 가지를 생각해 보라.

유다가 예수님을 배반한 것은 "성경을 응하게 하려고" 일어난 사건이다(요한복음 13:18; 17:12).

옷을 두고 제비를 뽑은 것도 "성경에 그들이 내 옷을 나누고 내 옷을 제비 뽑나이다 한 것을 응하게" 하려는 사건이다(요한복음 19:24).

예수님의 다리를 꺾지 않은 것도 "그 뼈가 하나도 꺾이지 아니하리라 한 성경을 응하게" 한 사건이다(요한복음 19:36).

예수님의 옆구리를 찌른 것도 "그들이 그 찌른 자를 보리라" 한 성경을 응하게 하기 위함이다(요한복음 19:37).

요한은 제자들이 빈 무덤을 보고 놀란 까닭을 "그들은 성경에 그가 죽은 자 가운데서 다시 살아나야 하리라 하신 말씀을 아직 알지 못하더라"라고 설명하고 있다(요한복음 20:9).

왜 이렇게 반복하여 성경을 언급하는 것일까? 최후의 순간에 왜 예수님은 한사코 예언을 성취하려 하신 것일까? 그분은 우리가 의심하리라는 것을 아셨다. 우리가 의문을 제기하리라는 것을 아셨다. 우리의 머리 때문에 우리의 가슴마저 그분의 사랑에서 멀어지기를 원치 않으셨기에 예수님은 마지막 순간까지 자신이 메시아라는 증거를 보여주신 것이다. 그분은 수세기 전의 예언들을 의도적으로 하나하나 응하게 하셨다.

인류 최대의 비극 속에서 중요한 세부 사항은 모두 앞서 성경에 기록되었고, 기록된 대로 이루어졌다.

- 가까운 친구의 배반 (시편 41:9)

- 제자들이 예수님께 실망하고 그분을 버림 (시편 31:11)

- 거짓 참소 (시편 35:11)

- 재판하는 사람들 앞에서의 침묵 (이사야 53:7)

- 무죄 판명 (이사야 53:9)

- 범죄자 중 하나로 헤아림 받음 (이사야 53:12)

- 십자가에 못 박히심 (시편 22:16)

- 구경꾼들의 조롱 (시편 109:25)

- 구원하지 않음에 대한 비웃음 (시편 22:7-8)

- 옷을 제비 뽑음 (시편 22:18)

- 자기를 해치는 자들을 위한 기도 (이사야 53:12)

- 하나님께 버림받음 (시편 22:1)

- 영혼을 아버지의 손에 부탁하심 (시편 31:5)

- 뼈가 꺾이지 않음 (시편 34:20)

- 부자의 무덤에 장사됨 (이사야 53:9)

그리스도께서 평생 332개의 서로 다른 구약의 예언을 성취하셨다는 사실을 알고 있는가? 이 모든 예언이 한 사람의 평생에 성취될 수 있는 수학적 확률은 얼마나 될까?

840,000,000,000,000,000,000,000,000,000,000,000,

000,000,000,000,000,000,000,000,000,000,000,000,

000,000,000,000,000,000,000,000,000,000

(0이 자그마치 97개다!)[1] 얼마나 놀라운 일인가!

예수님은 왜 십자가에서 목마르다 하셨는가? 이미 튼튼한 다리에 기둥 하나를 더 받치기 위해서다. 의심 많은 자라도 건너갈 수 있도록 말이다.[2] 그분이 목마르다고 고백하신 것은 모든 구하는 자에게 하나의 징표다. 그분이 메시아라는 징표.

이렇듯 그분의 마지막 몸짓은 신중에 신중을 기하는 사람들에게 던지는 한마디 따뜻한 말이다. "나를 믿어도 좋다."

우리는 믿을 만한 사람이 필요하지 않은가? 우리보다 크면서 믿을 만한 사람이 필요하지 않은가? 이해받기 위해 이 땅의 사람들을 믿는 데 이미 지치지 않았는가? 힘을 얻기 위해 이 땅의 것들을 믿는 데 염증이 나지 않았는가? 물에 빠진 사람은 이미 물에 빠져 허우적거리는 사람에게 도움을 청하지 않는다. 죄수는 다른 죄수에게 석방을 간청하지 않는다. 거지는 다른

거지에게 구걸하지 않는다. 자기보다 강한 사람이 필요하다.

포도주 적신 해면에 담긴 예수님의 메시지는 이것이다.

내가 그 사람이다. 나를 믿어라.

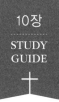

너의 아픔을
다 이해한다

스티브 핼리데이Steve Halliday 엮음

깊은 생각

1. "예수님은 왜 이 땅에서 33년이라는 긴 시간을 사셨을까? 그보다 훨씬 짧게 삶을 사실 수도 있지 않았을까? 왜 우리의 죄를 위해 죽으시는 데 필요한 시간만큼만 이 세상에 들어왔다 떠나시지 않았을까? 왜 1년 혹은 1주일간의 죄 없는 삶으로는 안 됐을까? 왜 일생을 다 사셔야 했을까?"

   1) 왜 예수님이 이 땅에서 33년이라는 긴 시간을 사셨다고 생각하는가?

   2) 만일 예수께서 아기일 때 죽어 사흘 만에 다시 살아나셨다면, 우리의 어떤 질문들이 응답되지 않았을 수 있을까? 그렇게 됐다면 우리 믿음의 본질은 어떻게 달라졌을까?

2. "예수님을 못 박기 전에 마실 것을 드렸었다. 마가는 그 포도주에 몰약을 탔다고 말한다. 마태는 쓸개 탄 포도주라고 표현했다. 몰약과 쓸개에는 둘 다 감각을 마취시키는 진통 성분이 들어 있다.

예수님은 그것을 받지 않으셨다. 약물의 마취를 거부하셨다. 고통을 그대로 다 느끼려 하신 것이다."

1) 당신은 예수님이 왜 진통제를 거부하셨다고 생각하는가?

2) 만일 예수께서 고통의 마취를 택하셨다면 그분에 대한 당신의 반응은 달라지겠는가? 설명해 보라.

3. "예수님은 당신의 자리에 가보셨고 그래서 당신의 마음을 아신다. 그분이 이 땅에서 사신 삶으로도 당신에게 증거가 부족하다면 그분이 십자가에서 죽으신 죽음이야말로 충분한 증거가 된다. 그분은 당신이 겪고 있는 일을 이해하신다."

1) 예수님이 당신이나 당신의 형편을 이해해 주시지 못하는 것처럼 느껴질 때가 있는가? 얘기해 보라.

2) 예수님은 우리의 심정을 경험을 통해 아신다. 그 사실을 진정 믿고 안다면 우리의 태도는 어떻게 달라질까? 기도 생활은 어떻게 달라질까?

4. "왜 천국은 갈증에 타들어 갔을까? 그분이 이해하신다는 것을 우리가 알게 하시기 위해서다. 고통당하는 모든 자들이 그분의 초

청의 말을 듣게 하시기 위해서다. '나를 믿어도 좋다.'"

1) 예수님의 타들어 가는 목은 우리가 그분을 믿을 수 있음을 어떻게 보여주는가?

2) 일상의 삶 속에서 예수님을 믿고 의지한다는 것은 어떤 의미인가?

5. "최후의 순간에 왜 예수님은 한사코 예언을 성취하려 하신 것일까? 그분은 우리가 의심하리라는 것을 아셨다. 우리가 의문을 제기하리라는 것을 아셨다. 우리의 머리 때문에 우리의 가슴마저 그분의 사랑에서 멀어지기를 원치 않으셨기에 예수님은 마지막 순간까지 자신이 메시아라는 증거를 보여주신 것이다."

1) 성취된 예언은 우리가 하나님을 믿는 데 어떤 도움이 되는가?

2) 성취된 예언 중 당신이 하나님을 믿는 데 가장 도움이 되는 것은 어떤 것들인가?

말씀 묵상

1. 마가복음 15장 22-24절을 읽으라.

1) 로마인들은 예수님을 십자가에 못 박기 직전에 그분께 무엇을 드렸는가?

2) 예수님의 반응은 무엇인가? 왜 그렇게 반응하셨을까?

2. 요한복음 19장 28-30절을 읽으라.

1) 이 장면은 마가복음 15장의 장면과 어떻게 다른가?

2) 이 장면은 어떤 면에서 예언의 성취인가? 죽으시기 전에 이 과정을 마치는 것이 왜 중요했을까?

3. 히브리서 4장 15-16절을 읽으라.

1) 예수님을 우리의 "대제사장"이라 한 이유는 무엇인가?

2) 예수님이 우리의 연약함을 동정하실 수 있는 이유는 무엇인가?

3) 예수님이 우리의 삶을 똑같이 경험하시지 않은 한 가지 부분은 무엇인가? 이것은 왜 중요한가?

4. 고린도후서 1장 3-5절을 읽으라.

  1) 3절에 하나님은 어떤 분으로 표현되어 있는가?

  2) 4절에 의하면 하나님이 위로하시는 목적은 무엇인가?

  3) 5절에서, 우리의 환난과 위로는 서로 어떤 관계가 있는가?

적용 실천

1. 몇 주 동안 시간을 내어 사복음서를 전부 읽어보라. 예수께서 인
   간의 연약함과 아픔을 깊이 이해하신다는 사실을 보여주는 사건
   을 접할 때마다 노트에 적어보라.

2. 이번 한 주 동안 당신이 다른 사람들에게 그리스도의 긍휼을 전
   할 수 있는 길들을 찾아보라. 친구들이나 직장 동료들에게 당신
   이 그들의 남다른 고민을 이해하며 존중하고 있음을 보여주라.
   가족들에게 당신이 그들의 개인적 어려움을 이해하려 최선을 다
   하고 있음을 알게 하라. 뭔가 '안 하던 일'을 해보라. 당신의 안전
   지대를 벗어나 특별한 방식으로 표현해 보라.

11장

너를 구원한 내가 너를 지키겠다

물과 피에 담긴 하나님의 약속

피는 우리를 위해 내주신 하나님의 제물이다.
물은 우리 안에 거하시는 하나님의 성령이다.
그러므로 우리에게는 둘 다 필요하다.

오직 그리스도는 죄를 위하여 한 영원한 제사를 드리시고
하나님 우편에 앉으사 … 그가 거룩하게 된 자들을
한 번의 제사로 영원히 온전하게 하셨느니라

히브리서 10:12,14

사랑은 여기 있으니 우리가 하나님을 사랑한 것이 아니요
하나님이 우리를 사랑하사 우리 죄를 속하기 위하여
화목제물로 그 아들을 보내셨음이라

요한일서 4:10

온전하고 지속적인 대속을 통해서만 영원한 죽음에서 구원받아
생명으로 옮겨질 수 있는 것이 우리의 상태다.
하나님이 친히 우리를 위해 그 대속의 일을 감당하신다.

칼 바르트Karl Barth

죄인을 위한 그리스도의 사역은 완성되었지만
죄인 안에서 이루어지는 그분의 사역은 아직 끝나지 않았다.

도널드 블로쉬

막강한 4인조

이번 주 신문 스포츠 기사에 내 이름이 실렸다. 자세히 살펴봐야 보이긴 하지만 이름이 난 것은 사실이다. 화요일자 제4면 가운데쯤에 텍사스 오픈 골프 토너먼트에 대한 기사가 있고 그 맨 끝에 내 이름이 있다. 영어 철자로 아홉 글자 모두 보란 듯 실려 있다.

처음 있는 일이다. 신문의 다른 면에는 여러 이유로 이름이 실린 적이 있었다. 그중에는 자랑스러운 이유도 있었고 그렇지 않은 것도 있었다. 하지만 스포츠 기사에 이름이 나기는 이번이 처음이다. 40년 넘게 걸렸지만 마침내 이루어졌다.

스포츠 상을 받기도 이번이 처음이다. 중학교 때 한 번 받을 뻔한 적이 있었는데 원반던지기에서 7등을 했을 때였다. 하지만 6등까지만 리본을 주는 바람에 나는 제외되고 말았다. 살아오면서 다른 상은 몇 번 받아본 일이 있지만 스포츠 상은 전무했다. 어제까지는. 내 생애 첫 스포츠 상이었다.

전말은 이렇다. 내 친구 버디Buddy는 프로 골프 협회PGA 텍사스 오픈을 주최하는 골프 코스에서 감독으로 일하고 있다. 그가 내게 연례 프로-아마추어 토너먼트에 출전하지 않겠느냐고 물었다. 나는 3초간 생각한 뒤 수락했다.

프로-아마추어 대회의 공식은 간단하다. 각 팀은 한 명의 프로와 네 명의 아마추어로 이루어진다. 네 명의 아마추어 선수들의 점수 중 가장 좋은 점수가 그 팀의 점수로 기록된다. 다시 말해서, 어느 홀에서 내 점수가 턱없이 나빠도 팀원 중 한 명이 잘 치면 나도 잘 친 것이나 마찬가지다. 그런 일이 총 18홀 중 무려 17개 홀에서 벌어졌다.

경기가 얼마나 신나겠는지 생각해 보라. 전형적인 홀의 경우, 내 점수는 8타이고 버디나 다른 동료의 점수는 3타가 나온다면 기록되는 점수는? 그렇다, 3이다. 맥스의 8타는 잊히고 버디의 버디birdie만 기억되는 것이다. 한 번 맛들이면 정말 재미있다! 단지 그 사람과 같은 팀에 속했다는 이유만으로 그 사람의 좋은 점수가 내 것이 되는 것이다.

그리스도께서 당신을 위해 하신 일도 이와 같지 않은가?

월요일에 우리 팀이 나를 위해 해준 일을 우리 주님은 일주일 내내 당신을 위해 해주신다. 그분의 실력 덕분에 당신은 날마다 '하루'라는 라운드를 완전한 점수로 마감한다. 당신이 공을 숲속으로 날렸든 물속으로 빠뜨렸든 상관없다. 중요한 것은 당신이 게임에 출전해 올바른 4인조에 속했다는 것이다. 이 경우 당신의 4인조는 대단히 막강하다. 바로 당신과 하나님 아버지와 아들 예수님과 성령님이 한 팀이다. 이보다 더 환상적인 팀은 존재하지 않는다.

이것을 거창한 신학 용어로 위치적 성화聖化라 한다. 정의는 간단하다. 당신의 실력 때문이 아니라 당신이 알고 있는 사람 덕분에 상을 받는 것이다.

이 골프 시합에는 내가 말하려는 두 번째 용어도 잘 예시되어 있다. (골프장에서 신학을 찾으려 하다니 무슨 심보인가?) 위치적 성화뿐 아니라 점진적 성화에 대해서도 선명히 드러난다.

팀 우승에 대한 나의 공헌을 말하자면, 18홀 중에 한 홀. 딱 한 홀에서 이븐 파even par를 쳤다는 것이다. 그 이븐 파가 기록에 집계되면서 팀의 리드를 지켜주었다. 내가 몇 번 홀에서 이븐 파를 쳤는지 맞춰보겠는가? 마지막 홀이다. 내 공헌은 극히

미약했지만 홀이 거듭될수록 실력이 향상됐던 것이다. 버디가 계속 내게 방법을 일러주며 그립을 고쳐준 덕분에 팀에 기여할 수 있었다. 나는 점진적으로 향상됐다.

우리는 버디의 점수 덕에 상을 탔다. 나의 실력은 버디의 도움 덕에 올라갔다.

위치적 성화는 우리를 '위해' 이루신 그리스도의 사역을 통해 이루어진다.

점진적 성화는 우리 '안에서' 이루시는 그리스도의 사역을 통해 이루어진다.

둘 다 하나님의 선물이다.

"그가 거룩하게 된(되어가는, being made, NCV) 자들을 한 번의 제사로 영원히 온전하게 하셨느니라"(히브리서 10:14). 두 가지 시제가 함께 나온다. "거룩하게 되어가는"(점진적 성화) 자들을 "온전하게 하셨다"(위치적 성화).

위치적 성화와 점진적 성화. 우리를 위해 이루신 하나님의 일과 우리 안에서 이루시는 하나님의 일. 전자를 무시하면? 두려워진다. 후자를 무시하면? 게을러진다. 둘 다 필수다. 이 두 가지를 그리스도의 십자가 밑의 피에 젖은 흙에서 볼 수 있다. 하나씩 좀 더 자세히 살펴보자.

피 흘림으로 얻으신 구원

우리를 위해 이루신 하나님의 일.

이 말씀을 잘 보라. "그중 한 군인이 창으로 옆구리를 찌르니 곧 피와 물이 나오더라"(요한복음 19:34).

성경을 대충이라도 읽어본 사람이라면 누구나 피와 용서의 특별한 관계를 눈치챘을 것이다. 먼 옛날 아담의 아들 때부터 예배자들은 "피 흘림이 없은즉 사함이 없다"(히브리서 9:22)는 것을 알았다.

아벨이 이 진리를 어떻게 알았는지는 아무도 모르지만 어쨌든 그는 기도와 농작물 이상의 것을 드릴 줄 알았다. 생명을 바치는 것을 알았다. 자신의 마음과 소원 이상의 것을 쏟아낼 줄 알았다. 피를 쏟아놓는 것을 알았다. 아벨은 밭을 성전 삼고 땅을 제단 삼아 이후로 무수히 많은 사람들이 뒤따라 할 일을 처음으로 행했다. 죄를 용서받기 위해 피의 제물을 바친 것이다.

그 선례를 따른 자들이 그 뒤로 줄줄이 있다. 아브라함, 모세, 기드온, 삼손, 사울, 다윗…. 죄 용서에는 피 흘림이 반드시 필요하다는 것을 그들은 알았다. 야곱도 알았다. 그래서 돌로 단을 쌓았다. 솔로몬도 알았다. 그래서 성전을 지었다. 아론도 알았다. 그래서 제사장직이 시작됐다. 학개와 스가랴도 알았다. 그래서 성전을 재건했다.

그러나 그 계보는 십자가에서 마침내 끝난다. 아벨이 밭에서 이루려 했던 일을 하나님이 그 아들을 통해 마치셨다. 아벨이 시작한 일을 그리스도가 완성하셨다. 예수님이 제물로 드려진 후로 더 이상 제사 제도는 존재하지 않는다. "그리스도께서는 이미 이루어진 좋은 일의 대제사장으로"(히브리서 9:11, 현대인) 오셨기 때문이다.

그리스도가 제물로 드려진 후로 더 이상 피 흘림이 필요 없다. 그분은 "염소나 송아지의 피가 아닌 자기 피를 가지고 단 한 번 지성소에 들어가셔서 우리의 영원한 구원을 획득"(히브리서 9:12, 현대인)하셨다.

하나님의 아들은 하나님의 어린양이 되셨고 십자가는 제단이 되었다. 그리하여 우리는 "예수 그리스도의 몸을 단번에 드리심으로 말미암아 … 거룩함을 얻었다"(히브리서 10:10).

갚아야 할 죗값을 그분이 갚으셨다. 우리가 해야 할 일을 그분이 하셨다. 무죄한 피가 필요했다. 무죄한 피가 바쳐졌다. 단번에 영원히. 이 두 단어를 당신의 심장에 깊이 새겨두라. 단번에 그리고 영원히.

초등학교 교사의 잔소리처럼 들릴 위험을 무릅쓰고 초등학교 수준의 질문을 하나 던진다. 단번에 영원히 제물이 바쳐졌다면 다시 제물을 바칠 필요가 있는가?

전혀 없다. 당신은 이미 위치적으로 성화되었다. 우리 팀의 성취가 곧 내 성취가 된 것처럼 그리스도의 피의 성취가 곧 우리의 성취가 된 것이다.

두렵고 떨림으로 이뤄가야 할 구원

한편, 코치의 도움을 통해 내 실력이 나아진 것처럼 당신의 삶도 예수님과 더 가까이 더 오래 동행할수록 나아질 수 있다. 우리를 위한 일은 다 이루어졌다. 그러나 우리 안에서 행하시는 점진적 일은 지금도 계속되고 있다.

피가 우리를 위한 그분의 일을 나타낸다면 물은 무엇을 나타낼까? 그렇다.

우리 안에서 이루시는 하나님의 일.

예수님이 사마리아 여인에게 하신 말씀이 생각나는가? "내가 주는 물은 그 속에서 영생하도록 솟아나는 샘물이 되리라"(요한복음 4:14). 예수님은 한 잔의 물이 아니라 계속 솟아나는 우물을 주신다! 그 우물은 당신의 집 뒷마당에 있는 상수도가 아니라 당신의 마음속에 계시는 하나님의 성령이다.

> 나를 믿는 자는 성경에 이름과 같이 그 배에서 생수의 강이 흘러나오리라 하시니 이는 그를 믿는 자들이 받을 성령을 가리켜 말씀하신 것이라 (예수께서 아직 영광을 받지 않으셨으므로 성령이 아직 그들에게 계시지 아니하시더라) ___ 요한복음 7:38-39

이 말씀에서 물은 우리 안에서 일하시는 예수님의 영을 가리킨다. 다시 말하지만 그분의 이 일은 우리의 구원을 위한 것이 아니다. 구원은 이미 이루어졌다. 그분의 이 일은 우리의 변화를 위한 것이다. 바울은 그 과정을 이렇게 표현했다.

> 더욱더 두렵고 떨리는 마음으로 여러분의 구원을 계속 이루어 가십시오. 하나님은 자기의 선한 목적에 따라 여러분이 자발적으로 행동하도록 여러분 안에서 일하십니다. ___ 빌립보서 2:12-13, 현대인

"구원"(피의 사역)의 결과로 이제 우리는 어떻게 해야 하는

가? "두렵고 떨림으로" 하나님께 복종해야 한다. 그분의 마음에 거슬리는 모든 일을 버려야 한다. 좀 더 실제적으로 말해, 이웃을 사랑하고 험담을 삼가야 한다. 세금을 허위로 신고하거나 배우자를 속이는 일을 그만두고, 사랑하기 힘든 사람을 사랑하려고 최선을 다해야 한다. 구원받기 위해 그렇게 하는가? 아니다. "이미 받은 구원의 점진적 결과"다.

부부 관계에도 비슷한 역동이 있다. 신랑과 신부가 시간이 지날수록 결혼 첫날보다 더 부부일 수 있을까? 서약도 했고 혼인 신고도 마쳤다. 그보다 더 부부일 수 있을까?

그럴 수 있다. 50년이 지났다고 생각해 보라. 네 명의 아이를 낳은 후라고 생각해 보라. 이사도 꽤 다니고 높은 산과 깊은 골도 지날 만큼 지났다고 생각해 보라. 금혼식을 지낸 부부라면 배우자의 다음 말을 미리 알고 배우자 대신 음식도 주문할 수 있다. 세월의 흐름 속에 겉모습까지 닮아간다(데날린에게 깊은 시름을 주는 생각이지만). 결혼 첫날에 비해 결혼 50주년일 때가 더 부부이지 않을까?

하지만 어떻게 그럴 수 있을까? 혼인 신고서는 변함없이 그대로다. 그러나 관계는 무르익는다. 서로 다른 개념이다. 엄격히 말해 부부의 부부 됨은 시간이 흐른다고 해서 예식장을 떠나는 순간보다 더 완전해지는 것은 아니다. 하지만 친밀한 정도로 보면 그때와 지금은 완전히 다르다.

결혼은 완성된 사건이면서 동시에 매일 성장해 나가는 것이다. 이미 한 일이기도 하고 지금 하는 일이기도 하다.

물과 피, 둘 다 필요하다

하나님과의 동행도 똑같다. 세월이 간다고 처음 구원받은 날보다 더 구원받은 자가 될 수 있을까? 그렇지 않다. 하지만 구원에서 더 나아갈 수 있을까? 물론이다. 결혼처럼 구원도 완성된 사건이면서 동시에 매일 성장해 나가는 것이다.

피는 우리를 위해 내주신 하나님의 제물이다.

물은 우리 안에 거하시는 하나님의 성령이다.

그러므로 우리에게는 둘 다 필요하다. 요한은 우리에게 그 사실을 반드시 알리려 했다. 무엇이 나왔는가를 아는 것만으로 부족하다. 어떻게 나왔는가를 알아야 한다. "곧(동시에, at once, NCV) 피와 물이 나오더라"(요한복음 19:34). 요한은 하나를 다른 것보다 강조하지 않는다. 하지만 우리는 얼마나 그런 잘못을 자주 범하는가.

피는 받아들이지만 물은 간과하는 사람들이 있다. 그들은 구원은 받고 싶지만 변화는 원하지 않는다.

물은 받아들이지만 피는 간과하는 사람들이 있다. 그들은 그리스도를 위해 바쁘게 무언가를 하지만 그리스도와 화목한 관계 가운데 있지 않다.

당신은 어떤가? 한쪽으로 치우치는 경향이 있는가?

구원의 확신에 찬 나머지 섬김의 삶은 딴전인가? 골프 팀원들의 좋은 점수에 너무 만족해 자기 차례에서는 아예 칠 생각조차 없는 것은 아닌가? 만약 그렇다면 한 가지 묻고 싶다. 하나님이 당신을 골프장에 내보내신 이유는 무엇인가? 왜 구원받는 즉시 불러 가시지 않았을까? 사실 당신과 내가 아직 여기 있는 데는 이유가 있다. 바로 삶과 일을 통해 하나님께 영광을 돌리는 것이다.

당신의 성향은 혹 반대인가? 구원받지 못할까 두려워 늘 일만 하고 있을지도 모른다. 팀원들을 믿지 못할지도 모른다. 주님의 점수 대신 당신의 점수가 기록되는 비밀 채점표가 있을까 봐 마음이 조마조마하다. 당신의 모습이 그렇다면 알아야 할 것이 있다. 예수님의 피는 당신을 구원하기에 충분하다.

당신의 마음속에 세례 요한의 선포를 새겨두라. 예수님은 "세상 죄를 지고 가는 하나님의 어린양"(요한복음 1:29)이시다. 그리스도의 피는 당신의 죄를 살짝 덮어주지 않는다. 당신의 죄를 가려주지 않는다. 당신의 죄를 뒤로 미뤄두지 않는다. 당신의 죄를 감해주지 않는다. 그리스도의 피는 당신의 죄를 없애준다. 단번에 영원히.

예수님은 우리의 실수가 자신의 완전하심에 묻혀 사라지게 하신다. 우리 4인조가 클럽하우스에 서서 상을 받을 때 내 형편없는 실력을 아는 유일한 이들은 팀원들뿐이었다. 다행히 그들은 아무 말도 하지 않았다.

당신과 내가 천국에 서서 상을 받을 때에도 오직 한 분만이 우리의 모든 죄를 아실 것이다. 그러나 그분은 우리를 궁지에 빠뜨리시지 않는다. 그분은 우리의 죄를 이미 잊으셨다.

그러니 친구여, 시합을 즐겨라. 당신의 상은 보장되어 있다.

하지만 그 과정 중에 스승이신 주님께 스윙을 가르쳐 달라고 청하는 것이 좋을 것이다.

너를 구원한 내가
너를 지키겠다

스티브 핼리데이|Steve Halliday 엮음

깊은 생각

1. "단지 그 사람과 같은 팀에 속했다는 이유만으로 그 사람의 좋은
   점수가 내 것이 되는 것이다. 그리스도께서 당신을 위해 하신 일
   도 이와 같지 않은가? 월요일에 우리 팀이 나를 위해 해준 일을 우
   리 주님은 일주일 내내 당신을 위해 해주신다. 그분의 실력 덕분
   에 당신은 날마다 '하루'라는 라운드를 완전한 점수로 마감한다."

   1) 잘하는 팀에 속해서 덕을 본 경험을 얘기해 보라.

   2) "주님의 팀"에 속한다는 것이 당신에게는 어떤 의미로 다가오는가?

2. "위치적 성화는 우리를 '위해' 이루신 그리스도의 사역을 통해 이
   루어진다. 점진적 성화는 우리 '안에서' 이루시는 그리스도의 사
   역을 통해 이루어진다. 둘 다 하나님의 선물이다."

   1) "위치적 성화"의 의미를 당신 자신의 말로 풀어 써보라.

2) "점진적 성화"의 의미를 당신 자신의 말로 풀어 써보라.

3. "결혼은 완성된 사건이면서 동시에 매일 성장해 나가는 것이다. 이미 한 일이기도 하고 지금 하는 일이기도 하다. 하나님과의 동행도 똑같다. 세월이 간다고 처음 구원받은 날보다 더 구원받은 자가 될 수 있을까? 그렇지 않다. 하지만 구원에서 더 나아갈 수 있을까? 물론이다. 결혼처럼 구원도 완성된 사건이면서 동시에 매일 성장해 나가는 것이다."

1) 결혼은 어떤 면에서 "완성된 사건"인가? 또 어떤 면에서 "매일 성장해 나가는 것"인가?

2) 하나님과 동행하는 당신의 삶은 부부 관계와 어떤 점이 같은가? 어떤 점이 다른가?

4. 피는 받아들이지만 물은 간과하는 사람들이 있다. 그들은 구원은 받고 싶지만 변화는 원하지 않는다. 물은 받아들이지만 피는 간과하는 사람들이 있다. 그들은 그리스도를 위해 바쁘게 무언가를 하지만 그리스도와 화목한 관계 가운데 있지 않다. 당신은 어떤가? 한쪽으로 치우치는 경향이 있는가?"

1) 이 질문에 답해보라. 당신이 곧잘 치우치는 쪽은 어느 쪽인가?

2) 구원받은 사람에게는 변화를 원하는 마음이 있어야 한다. 그런 마음이 들려면 어떻게 믿음이 자라야 할까?

3) 그리스도를 위해 정신없이 바쁜 사람의 경우, 어떻게 그리스도와 화목한 관계를 이룰 수 있을까?

말씀 묵상

1. 요한복음 19장 31~37절을 읽으라.

1) 두 사람의 다리를 꺾은 이유는 무엇인가? 반면, 예수님의 다리를 꺾지 않은 이유는 무엇인가?

2) 당신은 그 군인이 왜 예수님의 옆구리를 찔렀다고 생각하는가? 옆구리를 찌르자 어떻게 되었는가?

3) 35절에서 요한은, 예수님의 옆구리가 찔린 사실을 기록하는 이유가 "너희로 믿게 하려 함"이라고 말한다. 이 말은 무슨 뜻일까?

2. 요한복음 7장 37-39절을 읽으라.

   1) 예수님은 우리에게 어떤 약속을 주시는가?

   2) 어떤 면에서 성령은 생수의 강과 같은가? 이 물을 마시며 살려면 우리는 어떻게 해야 할까?

3. 히브리서 9장 11-12절을 읽으라.

   1) 예수님은 어떻게 하늘의 성소에 들어가셨는가?

   2) 예수님이 우리를 위해 이루신 속죄는 어떤 것인가?

4. 히브리서 10장 10, 12, 14절을 읽으라.

   1) 10절에 따르면, 우리는 어떻게 거룩함을 얻었는가?

   2) 12절에 따르면 예수님은 제사를 몇 번이나 드렸는가? 이 제사의 효력은 얼마 동안 유효한가?

3) 14절에는 두 가지 시제가 등장한다(본문 참조). 이것은 왜 중요한가? 이미 "영원히 온전하게 된" 사람이 동시에 지금 "거룩하게 되어가는" 것은 어떻게 가능한가?

5. 빌립보서 2장 12-13절을 읽으라.

1) "너희 구원을 이룬다"는 말은 무슨 뜻인가?

2) 왜 "두렵고 떨림으로" 그렇게 해야 하는가?

3) 우리 안에서 행하시는 분은 누구인가? 그분의 목적은 무엇인가?

적용 실천

1. 당신의 배우자나 가장 친한 그리스도인 친구에게, 당신의 신앙이 다음 중 어느 쪽으로 더 강한지 물어보라.

(1) 하나님의 자녀라는 확신이 분명하다.

(2) 하나님을 위해 충성 봉사한다.

상대방이 대답한 이유를 자세히 들어본 다음 그 평가를 주님 앞에 가져가 기도하라. 약한 부분에서 더 자라고 성숙하게 해달라고 그분께 도움을 구하라.

2. 성구 사전에서 '성화'라는 단어를 찾아보라. 어떤 내용이 있는가? 하나님의 책임은 무엇이며 우리의 책임은 무엇인가? 단어 공부를 통해, 신앙 성장에 대한 당신의 생각에 혹 달라진 부분이 있는가?

12장

영원히 너를 사랑하리라

십자가에 담긴 하나님의 약속

십자가만큼 단순한 모양이 있을까? 가로 막대기 하나에 세로 막대기 하나.
하나는 그분의 사랑의 넓이를, 다른 하나는 거룩함의 높이를 보여준다.
십자가는 그 둘이 만나는 곳이다. 하나님이 우리를 용서하시는 곳이다.

하나님이 세상을 이처럼 사랑하사 독생자를 주셨으니
이는 그를 믿는 자마다 멸망하지 않고 영생을 얻게 하려 하심이라

요한복음 3:16

하나님이 죄를 알지도 못하신 이를 우리를 대신하여 죄로 삼으신 것은
우리로 하여금 그 안에서 하나님의 의가 되게 하려 하심이라

고린도후서 5:21

우리가 아직 죄인 되었을 때에 그리스도께서 우리를 위하여 죽으심으로
하나님께서 우리에 대한 자기의 사랑을 확증하셨느니라

로마서 5:8

사랑은 여기 있으니 우리가 하나님을 사랑한 것이 아니요
하나님이 우리를 사랑하사 우리 죄를 속하기 위하여
화목제물로 그 아들을 보내셨음이라

요한일서 4:10

공의와 자비 사이

내 이름을 어떻게 발음하느냐고 묻는 사람들이 종종 있다. 루케이도가 맞나, 루카도가 맞나? 노래 가사도 있지 않은가? "어떤 이는 포테이토(감자)라 하고 어떤 이는 포타토라 하네." 내 이름도 그 노래에 그대로 대입할 수 있다. "어떤 이는 루케이도라 하고 어떤 이는 루카도라 하네." 공식적으로 "루케이도" 가 맞다. (물론 우리가 틀렸을 수도 있다. 빌리 그레이엄 목사님이 샌안토니오에 오셨을 때 나를 맥스 루카도라고 지칭하셨다. 빌리 그레이엄 목사님이 루카도라고 하시면 루카도가 맞지 않겠는가?)

이런 혼란 때문에 간혹 난처한 순간들이 있다. 교인 한 사람의 직장에 심방을 갔을 때의 일이다. 그의 동료 직원이 나를 알아봤다. 우리 교회에도 왔었고 내 책도 읽어본 여자였다. "맥스 루카도 목사님!" 여자는 반색을 했다. "꼭 한 번 뵙고 싶었어요."

잘 알지도 못하는 처지에 발음부터 고쳐주는 것은 실례일 것 같아서 그냥 웃으며 인사를 건넸다. 그 정도로 끝날 줄 알았지만 시작에 불과했다. 그녀는 직원들 몇 사람에게 나를 소개하고 싶어 했다. 그래서 우리는 아래층으로 내려갔는데 나를 소개할 때마다 틀린 발음도 반복됐다. "샐리, 이분이 맥스 루카도 목사님이에요." "조, 맥스 루카도 목사님을 소개합니다." "밥, 맥스 루카도 목사님이세요." "탐, 이분이 맥스 루카도 목사님입니다." 나는 감히 말허리를 끊고 발음을 고쳐줄 수 없어 그저 웃으며 공손히 인사했다. 게다가 대여섯 번 그렇게 말한 뒤라 이미 엎질러진 물이었다. 잘못을 지적한다면 그녀는 당황할 것이다. 그래서 나는 입을 꾹 다물고 있었다.

그러나 진퇴양난의 위기가 나를 기다리고 있었다. 마침내 우리 교인을 만나자 대화의 축이 그쪽으로 넘어갔다. "이렇게 만나뵈어 정말 반갑습니다." 그는 말했다. 몇몇이 함께 그의 사무실로 들어갔다. "지난주에 집사람과 함께 목사님 교회에 갔습니다. 교회를 나오면서 목사님 성함을 어떻게 발음할까 그런 얘기를 했지요. 루케이도가 맞습니까, 루카도가 맞습니까?"

이러지도 저러지도 못할 판이었다. 진실을 말하자니 여자가 난처하게 될 것이고 거짓을 말하자니 남자에게 잘못 알려주는 꼴이다. 여자에게는 자비가 필요했고 남자에게는 정답이 필요했다. 여자에게는 관대하고 남자에게는 솔직하고 싶었지만 어떻게 동시에 그럴 수 있단 말인가? 역부족이었다. 그래서 거짓말을 했다. 내 평생 처음으로 이렇게 대답했다. "루카도가 맞습니다. 루카도라고 발음합니다."

조상들이여, 용서하소서.

하지만 그 일로 얻은 값진 소득도 있었다. 이 일로 나는 하나님의 심정을 조금이나마 느꼈다. 규모는 내 경우와 비교할 수 없지만 내가 그 여자 앞에서 처한 상황이 곧 인류를 향한 하나님의 상황이다. 그분은 어떻게 공의와 자비를 둘 다 지키실 수 있을까? 어떻게 진리와 긍휼을 함께 베푸실 수 있을까? 죄를 용납하지 않으면서 어떻게 죄인을 구원하실 수 있을까?

거룩하신 하나님이 우리의 실수를 묵과하실 수 있을까?

자비하신 하나님이 우리의 실수를 처벌하실 수 있을까?

제3의 해답, 십자가

우리의 관점으로 볼 때는 어떻게 대답해도 다 석연찮다. 그러나 그분의 관점으로 보면 세 번째 해답이 있다. "그리스도의 십자가"다.

십자가. 눈길을 어디로 돌리든 십자가 없는 곳이 있는가? 교회당 첨탑에 세워진 십자가. 무덤의 비석에 새겨진 십자가. 반지에 새겨 넣은 십자가. 목걸이에 달린 십자가. 십자가는 세계 어디서나 기독교의 상징이다. 고문의 도구가 희망의 물결을 주도하게 되다니, 엉뚱한 선택 아닌가? 다른 종교들의 상징물은 한결 밝다. 유대교의 다윗의 별, 회교의 초승달 문양, 불교의 연꽃. 하지만 기독교의 십자가? 처형의 도구를?

당신이라면 사형용으로 쓰는 소형 전기의자를 목에 걸고 다니겠는가? 교수형 밧줄에 금을 입혀 벽에 걸어두겠는가? 명함에 총살형 집행대의 사진을 그려넣겠는가? 하지만 우리가 십자가로 하는 일이 이와 같다. 기도할 때 십자가 성호를 긋는 사람들도 많다. 당신이라면 기도할 때 예컨대 단두대의 모양으로 긋겠는가? 양어깨와 이마에 손을 대는 대신 손바닥에 일격을 가하는 것은 어떤가? 느낌이 전혀 다르지 않은가?

십자가는 왜 우리의 믿음의 상징인가? 대답을 멀리서 찾을 것도 없다. 십자가 자체를 보면 된다. 십자가만큼 단순한 모양이 있을까? 가로 막대기 하나에 세로 막대기 하나. 하나는 양옆으로 뻗는다. 하나님의 사랑처럼. 하나는 위로 향한다. 하나님의 거룩함처럼. 하나는 그분의 사랑의 넓이를 가리키고 다른 하나는 그분의 거룩함의 높이를 보여준다. 십자가는 그 둘이 만나는 곳이다. 십자가는 하나님이 자신의 기준을 낮추지 않으면서 그 자녀들을 용서하시는 곳이다.

하지만 그 일을 어떻게 이루시는가? 한마디로, 하나님은 우리의 죄를 그 아들에게 옮겨놓고 십자가에서 그 죄를 벌하신다.

"어떻게 하면 되느냐고, 여러분은 물을 것입니다. 그리스도 안에 머물기만 하면 됩니다. 하나님께서는 잘못한 일이 없는 그리스도께 죄를 씌우셔서, 우리로 하여금 하나님과 바른 관계를 맺게 하셨습니다"(고린도후서 5:21, 메시지).

이렇게 번역된 것도 있다.

"하나님이 죄를 알지도 못하신 그리스도에게 우리 죄를 대신 지우신 것은 우리가 그리스도 안에서 하나님에게 의롭다는 인정을 받도록 하기 위한 것입니다"(현대인).

그 순간을 머릿속에 그려보라. 하나님은 보좌에 앉아 계신다. 당신은 이 땅에 있다. 당신과 하나님 사이에 그리스도가 십자가에 달려 있다. 당신의 죄가 예수님께 옮겨져 있다. 죄를 벌하시는 하나님이 당신의 범죄에 대해 마땅히 진노를 발하신다. 그 진노를 예수님이 받으신다. 당신은 받지 않는다. 당신과 하나님 사이에 그리스도가 계시기 때문이다. 죄는 벌을 받았지만 당신은 안전하다. 십자가의 그림자에 가려 안전하다.

이것이 하나님이 하신 일이다. 하지만 왜, 그분은 왜 그렇게 하시는가? 도덕적 의무 때문에? 천국의 규정 때문에? 부모의 본분 때문에? 아니다. 하나님은 아무것도 할 의무가 없으시다.

게다가, 그분이 하신 일을 생각해 보라. 그분은 자기 아들을 내어주셨다. 하나뿐인 아들을. 당신이라면 그렇게 하겠는가? 누군가 다른 사람을 위해 당신 자식의 목숨을 내놓겠는가? 나는 못한다. 내 목숨이라면 기꺼이 대신 바칠 수 있는 대상들이 있다. 하지만 내 딸을 죽이면서까지 살려낼 이들의 명단을 적어보라고 한다면? 종이에는 아무것도 적혀 있지 않을 것이다. 연필조차 필요 없다. 명단에 올릴 이름이 하나도 없으니까.

하지만 하나님의 명단에는 이 세상을 살았던 사람들의 이름이 다 적혀 있다. 그분의 사랑의 범위인 것이다. 그리고 그것이 십자가의 이유다. 그분은 세상을 사랑하신다.

"이와 같이 하나님께서는 세상을 사랑하여 독생자를 주셨다"(요한복음 3:16, 쉬운성경).

세로 막대기가 하나님의 거룩하심을 당당히 선포하듯 가로 막대기는 그분의 사랑을 선포한다. 오, 그분의 사랑은 얼마나 넓고 넓은가.

요한복음 3장 16절이 다음과 같지 않아 얼마나 다행인가.

"하나님이 부자들을 이처럼 사랑하사…"

"하나님이 유명한 사람들을 이처럼 사랑하사…"

"하나님이 날씬한 사람들을 이처럼 사랑하사…"

성경은 이렇게 기록하고 있지 않다. "하나님이 유럽인들을 혹은 아프리카인들을, 술 안 마시는 사람들을 혹은 성공한 사람들을, 젊은이들을 혹은 나이 든 사람들을, 이처럼 사랑하사." 그것도 아니다.

요한복음 3장 16절을 읽을 때 우리는 단순히 (그리고 기쁘게) 이렇게 읽는다. "하나님이 세상을 이처럼 사랑하사."

하나님의 사랑의 반경은 얼마나 넓은가? 온 세상을 품을 만큼 넓다. 그 세상에 당신도 포함되는가? 그렇다면 당신도 하나님의 사랑에 포함된다.

포함된다는 것은 얼마나 좋은 일인가. 그러나 우리가 언제나 포함되는 것은 아니다. 똑똑하지 않으면 대학은 당신을 제외시킨다. 자격이 안 되면 사업도 당신을 외면한다. 안타까운 사실이지만, 착하지 않으면 일부 교회마저 당신을 따돌린다.

하지만 대학과 사업과 교회는 당신을 빼놓을지 몰라도 그리스도는 당신을 끼워주신다. 자신의 사랑의 넓이가 얼마나 되느냐는 질문 앞에 그분은 한 손을 오른쪽으로 펴고 또 한 손을 왼쪽으로 펴신 뒤 그 위치에 못을 박아버리셨다. 당신을 사랑하면서 죽어간 사실을 당신이 알게 하시기 위해서 말이다.

그래도 한계가 있지 않을까? 이 사랑에도 필시 한계가 있겠지. 그런 생각이 드는가? 하지만 간음한 다윗은 그 한계를 찾지 못했다. 살인범 바울도 그 한계를 찾지 못했다. 배반자 베드로도 그 한계를 찾지 못했다. 삶에 관한 한 그들은 바닥까지 내려갔다. 그러나 하나님의 사랑에는 바닥이 없었다.

그들도 당신처럼 하나님이 쓰신 사랑의 목록에서 자기 이름을 발견했다. 얼마든지 믿어도 좋다. 당신의 이름을 그곳에 쓰신 그분은 당신의 이름을 발음하는 법까지 알고 계신다.

영원히 너를
사랑하리라

스티브 핼리데이Steve Halliday 엮음

깊은 생각

1. "하나님은 어떻게 공의와 자비를 둘 다 지키실 수 있을까? 어떻게 진리와 긍휼을 함께 베푸실 수 있을까? 죄를 용납하지 않으면서 어떻게 죄인을 구원하실 수 있을까? 거룩하신 하나님이 우리의 실수를 묵과하실 수 있을까? 자비하신 하나님이 우리의 실수를 처벌하실 수 있을까? 우리의 관점으로 볼 때는 어떻게 대답해도 다 석연찮다. 그러나 그분의 관점으로 보면 세 번째 해답이 있다. '그리스도의 십자가'다."

   1) 저자의 질문들에 답해보라.

   2) 그리스도의 십자가는 어떻게 우리의 딜레마에 대한 하나님의 해답이 되는가?

2. "십자가는 하나님이 자신의 기준을 낮추지 않으면서 그 자녀들을 용서하시는 곳이다. 하지만 그 일을 어떻게 이루시는가? 한마

디로, 하나님은 우리의 죄를 그 아들에게 옮겨놓고 십자가에서 그 죄를 벌하신다."

1) 십자가는 어떻게 하나님의 거룩하심과 사랑을 동시에 보여주는가?

2) 하나님은 어떻게 우리의 죄를 그 아들에게 옮겨놓으셨는가? 그 아들의 공로가 우리의 죗값으로 유효하게 되려면 무엇이 반드시 필요한가?

3. "이 사랑에도 필시 한계가 있겠지. 그런 생각이 드는가? 하지만 간음한 다윗은 그 한계를 찾지 못했다. 살인범 바울도 그 한계를 찾지 못했다. 배반자 베드로도 그 한계를 찾지 못했다. 삶에 관한 그들은 바닥까지 내려갔다. 그러나 하나님의 사랑에는 바닥이 없었다."

1) 당신을 향한 하나님의 사랑이 한계에 도달했다고 느껴지던 순간을 얘기해 보라.

2) 당신은 어떻게 다른 사람들이 하나님의 사랑의 무한한 깊이를 깨닫고 느낄 수 있도록 도와줄 수 있겠는가?

말씀 묵상

1. 요한복음 3장 16-18절을 읽으라.

    1) 이 말씀에 의하면 누가 영생을 얻는가? 그 일은 어떻게 이루어지는가?

    2) 16절에서, 하나님은 왜 그 아들을 세상에 보내셨는가?

    3) 17절에 의하면 하나님이 그 아들을 세상에 보내신 목적이 아닌 것은 무엇인가?

    4) 18절에 의하면 심판을 받지 않는 사람은 누구인가? 심판을 받는 사람은 누구인가? 당신은 어느 쪽에 속해 있는가? 설명해 보라.

2. 고린도후서 5장 21절을 읽으라.

    1) 하나님은 그 아들을 어떻게 하셨는가?

    2) 누구를 위해서 그렇게 하셨는가?

3) 그렇게 하신 목적은 무엇인가?

3. 로마서 5장 8절을 읽으라.

1) 하나님은 우리에 대한 자기의 사랑을 어떻게 보여주셨는가?

2) 하나님은 그 사랑을 언제 보여주셨는가? 왜 그것이 한없이 놀라운 일인가?

4. 요한일서 4장 10절을 읽으라.

1) 참 사랑은 어디서 시작되는가?

2) 하나님은 왜 그 아들을 보내셨는가? "화목제물"이란 무엇인가?

5. 로마서 11장 22절을 읽으라.

1) 이 구절에 나와 있는 하나님의 두 가지 측면은 무엇인가?

2) 이 진리에서 사도 바울은 어떤 실제적 적용을 이끌어내고 있는가?

적용 실천

1. 유명한 성경 구절에 너무 익숙해지다 보면 그 강력한 의미를 놓칠 때가 있다. 요한복음 3장 16절이 그런 경우에 해당될 것이다. 이 말씀의 엄청난 위력을 느껴보기 위해, 몇 가지 다른 번역을 찾아 읽어보라. 각 번역을 그대로 옮겨 적어보라. 동일한 영광의 진리가 각기 다른 번역을 통해 어떻게 제시되고 있는지 잠시 묵상하는 시간을 가지라. 당신을 위해 그리스도를 이 땅에 보내주신 하나님께 감사하며 잠시 기도함으로 그 시간을 마치라.

2. 다음에 텔레비전에서 운동 경기 방송을 보다가 요한복음 3장 16절을 써서 들고 다니는 사람(스포츠 경기장에서 쉽게 볼 수 있다!)이 눈에 띄거든 그 사람이 왜 그 말씀을 들고 다닌다고 생각하는지 당신의 옆 사람에게 물어보라. 이 기회를 대화로 발전시켜 그 구절의 숨은 뜻에 대해 얘기해 보라.

너의 비극을 승리로 바꿔주마

수의에 담긴 하나님의 약속

죽음의 옷자락 속에서 요한은 생명의 능력을 보았다.

하나님이 비극을 통해 요한의 삶을 변화시키실 수 있었다면

비극을 사용해 당신의 삶도 변화시키실 수 있지 않을까?

그러나 여호와여, 이제 주는 우리 아버지시니이다 우리는 진흙이요
주는 토기장이시니 우리는 다 주의 손으로 지으신 것이니이다

이사야 64:8

내게 능력 주시는 자 안에서 내가 모든 것을 할 수 있느니라

빌립보서 4:13

내가 주의 인자하심을 기뻐하며 즐거워할 것은
주께서 나의 고난을 보시고 환난 중에 있는 내 영혼을 아셨으며
나를 원수의 수중에 가두지 아니하셨고
내 발을 넓은 곳에 세우셨음이니이다

시편 31:7-8

모든 은혜의 하나님 곧 그리스도 안에서 너희를 부르사
자기의 영원한 영광에 들어가게 하신 이가
잠깐 고난을 당한 너희를 친히 온전하게 하시며
굳건하게 하시며 강하게 하시며 터를 견고하게 하시리라

베드로전서 5:10

죽음의 옷이 생명의 화신으로

대화의 주제가 죽은 사람에게 입히는 '수의'라면 당신의 기분은 어떨까? 재미있게 느껴질까? 기분 좋은 화제로 다가올까? 아닐 것이다. 세금을 신고해야 한다거나 장기간 치과 치료를 받아야 하는 사실 같은 우울한 화제 사이 어디쯤엔가 있을 것만 같다.

수의를 좋아하는 사람은 없다. 수의를 얘기하는 사람도 없다. 저녁 식사 시간에 이야기를 나누며 이런 질문으로 흥취를 더해본 일이 있는가? "관에 들어갈 때 뭘 입을 겁니까?" 수의 전문점을 본 일이 있는가? (그런 가게가 있다면 추천하고 싶은 광고 문구가 있다. "목숨 바쳐 입을 옷")

대부분의 사람들에게 수의 얘기는 금기다.

그러나 사도 요한은 예외였다. 그에게 물어보라. 어떻게 수의를 승리의 상징으로 보게 되었는지 말해줄 것이다. 그도 처음부터 그렇게 보았던 것은 아니다. 가장 가까운 친구 예수님의 죽음을 확인시켜 주는 가시적인 물건인 수의가 그에게도 비극의 상징으로 보이던 때가 있었다. 그러나 첫 부활절 일요일에 하나님은 죽음의 옷을 취하여 생명의 상징으로 바꿔주셨다.

당신에게도 똑같이 해주실 수 있을까?

우리는 누구나 비극을 만난다. 뿐만 아니라 누구나 비극의 상징물을 안고 산다. 국방부에서 날아온 전사자 전보일 수도 있다. 입원 확인증일 수도 있다. 몸의 흉터일 수도 있고 법원 소환장일 수도 있다. 우리는 이런 것들을 좋아하지 않는다. 원하지도 않는다. 폐차장의 찌그러진 차처럼 그런 상징물은 우리 마음을 비참했던 날의 추억으로 어지럽힌다.

하나님은 그런 것들도 사용하여 선을 이루실 수 있을까? "하나님을 사랑하는 자 곧 그의 뜻대로 부르심을 입은 자들에게는 모든 것이 합력하여 선을 이루느니라"(로마서 8:28). 이런 말씀은 도대체 어디까지 해당될까? "모든 것"에는 종양과 시험과 싸움과 파경도 포함될까? 요한은 그렇다고 답할 것이다. 요한은 당신에게, 우리가 기다리며 지켜보기만 한다면 하나님은 어떤 비극이라도 승리로 바꾸실 수 있다고 말해줄 것이다.

요한은 자기 말이 옳다는 것을 증명하기 위해 예수님이 십자가에 달리시던 그 금요일의 이야기를 들려줄 것이다.

아리마대 사람 요셉은 예수의 제자이나 유대인이 두려워 그것을 숨기더니 이 일 후에 빌라도에게 예수의 시체를 가져가기를 구하매 빌라도가 허락하는지라 이에 가서 예수의 시체를 가져가니라 일찍이 예수께 밤에 찾아왔던 니고데모도 몰약과 침향 섞은 것을 백 리트라쯤 가지고 온지라 이에 예수의 시체를 가져다가 유대인의 장례 법대로 그 향품과 함께 세마포로 쌌더라

___ 요한복음 19:38-40

요셉과 니고데모가 예수님을 섬기러 왔다. 그리스도가 살아 계실 때는 몸을 사리던 그들이 그분이 돌아가시자 용감해졌다. 그들은 예수님의 시신을 거두러 왔다. 그들은 수의를 가지고 언덕을 올랐다.

빌라도의 허락이 있었다.

아리마대가 무덤도 내놓았다.

니고데모는 향품과 세마포를 가져왔다.

요한은 니고데모가 몰약과 침향 섞은 것을 백 리트라쯤(약 34킬로그램) 가져왔다고 말하고 있다. 이 양은 중요하다. 그렇게 많은 향료는 보통 왕의 장례에나 사용되었기 때문이다. 요한은 세마포 얘기도 빠뜨리지 않는다. 그것이 그에게는 금요일의 비극을 상징했기 때문이다. 수의가 없는 한, 무덤이 없는 한, 검시관이 없는 한 아직 희망이 있으련만. 그러나 장례 차량이 도착함과 동시에 희망도 사라진다. 사도 요한에게는 수의가 비극의 상징물이었다.

요한에게 예수님의 죽음보다 큰 비극은 없었다. 3년 전에 요한은 직업마저 내던지고 이 나사렛 목수에게 운명을 걸었다. 주초에 예수님과 다른 제자들과 함께 예루살렘에 입성할 때만 해도 요한은 꽃잎 휘날리는 시가행진에 흠뻑 취했었다. 오, 그런데 사태가 그렇게 급박하게 뒤바뀔 줄이야! 일요일에 그분을 왕이라 불렀던 사람들이 금요일에는 그분을 죽이라고 소리쳐댔다. 요한의 앞날은 친구 예수님과 함께 이 수의에 싸여 무덤 속에 봉해졌다. 이 수의는 절망을 알리는 가시적인 물건이었다.

당신과 내가 지금 알고 있는 예수님의 부활을 그 금요일의 요한은 아직 모르고 있었다. 그는 금요일의 비극이 일요일의 승리로 변하리라는 것을 몰랐다. 후에 그는 "성경에 그가 죽은 자 가운데서 다시 살아나야 하리라 하신 말씀을 아직 알지 못했다"(요한복음 20:9)고 고백했다.

그가 토요일에 한 일이 그토록 중요한 이유가 바로 여기에 있다.

우리는 그날에 대해 전혀 아는 바가 없다. 성경에 기록된 내용도 없고 따로 알려진 정보도 없다. 다만 한 가지를 알 뿐이다. 일요일이 되었을 때도 요한은 그곳에 있었다. 막달라 마리아가 요한을 찾으러 가자 과연 그는 그곳에 있었다.

예수님은 죽으셨다. 주님의 몸은 이제 생명이 없다. 요한의 친구도 묻혔고 요한의 미래도 묻혔다. 그러나 요한은 떠나지 않았다. 왜? 부활을 기다리느라? 아니다. 요한은 예수님이 다시 입술을 떼시거나 손을 움직이시리라고는 꿈에도 생각하지 못했다. 그는 일요일에 찾아올 환희를 기대하고 있었던 것이 아니다. 그렇다면 왜 거기 있었는가?

그는 얼마든지 떠날 만도 했다. 그리스도를 못 박아 죽인 사람들이 그를 잡으러 오지 않는다는 보장이 있는가? 군중은 십자가형 한 번으로 족했지만 종교 지도자들은 더 많은 처형을 원했을 수도 있다. 요한은 왜 그곳을 벗어나지 않았단 말인가?

지극히 현실적인 이유 때문일 수 있다. 요한은 예수님의 어머니를 보살피고 있었는지도 모른다. 달리 갈 데가 없었을 수도 있다. 돈이 없거나 기력이 없거나 방향 감각을 상실했거나… 그 전부일 수도 있다.

하지만 그가 머무른 이유는 예수님을 사랑했기 때문일지도 모른다.

다른 사람들에게 예수님은 기적을 행하는 자였다. 다른 사람들에게 예수님은 위대한 스승이었다. 다른 사람들에게 예수님은 이스라엘의 희망이었다. 그러나 요한에게 그분은 그 모든 것이자 그 이상이었다. 요한에게 예수님은 친구였다.

우리는 친구를 버리지 않는다. 친구가 죽은 후에라도 마찬가지다. 요한은 친구인 예수님 곁에 남아 있었다.

요한의 몸에 배어 있는 행동이었다. 그는 다락방에서도 예수님 곁에 있었다. 겟세마네 동산에서도 예수님 곁에 있었다. 십자가에 달리실 때도 발밑에 있었다. 그리고 장사 지낸 후에도 한달음에 달려갈 거리에 있었다.

요한은 예수님의 뜻을 이해했는가? 아니다.

요한은 예수님이 가신 길을 기쁘게 받아들였는가? 아니다.

그러나 요한은 예수님을 떠났는가? 아니다.

당신은 어떤가? 요한의 입장에 처할 때 당신은 어떻게 하는가? 당신의 삶에 그 토요일과 같은 날이 찾아올 때 당신은 어떻게 반응하는가? 어제의 비극과 내일의 승리 사이 어딘가를 지날 때 당신은 어떻게 하는가? 하나님을 떠나는가? 아니면 그분 곁에 그대로 남아 있는가?

요한은 남아 있기를 택했다. 그렇게 토요일에 그곳을 지켰기에 일요일에도 그곳에 있다가 기적을 본 것이다.

> [마리아가] 말하되 사람들이 주님을 무덤에서 가져다가 어디 두었는지 우리가 알지 못하겠다 하니 베드로와 그 다른 제자가 나가서 무덤으로 갈새 둘이 같이 달음질하더니 그 다른 제자가 베드로보다 더 빨리 달려가서 먼저 무덤에 이르러 구부려 세마포 놓인 것을 보았으나 들어가지는 아니하였더니 시몬 베드로는 따라와서 무덤에 들어가 보니 세마포가 놓였고 또 머리를 쌌던 수건은 세마포와 함께 놓이지 않고 딴 곳에 쌌던 대로 놓여 있더라 그때에야 무덤에 먼저 갔던 그 다른 제자도 들어가 보고 믿더라 ___ 요한복음 20:2-8

일요일 이른 아침, 베드로와 요한은 한 소식을 접했다. "예수님의 시신이 없어졌어요!" 마리아가 다급하게 말했다. 마리아는 예수님을 대적하는 사람들이 시신을 가져간 줄 알았다. 즉시 두 제자는 무덤으로 달려갔다. 요한이 베드로보다 빨리 달려 먼저 도착했다. 그는 눈앞의 광경에 어안이 벙벙해 입구에서 그만 얼어붙고 말았다.

그가 본 것은 무엇인가? "세마포 놓인 것"을 보았다. 그리고 "머리를 쌌던 수건은 세마포와 함께 놓이지 않고 딴 곳에 쌌던 대로 놓여 있는" 것을 보았다. 가지런히 원래대로 놓여 있는 세마포를 본 것이다.

헬라어 원어를 보면 도움이 된다. 요한이 사용한 "쌌던 대로 놓여 있다"라는 단어는 "둘둘 말려 있다,"[1] "그대로 접혀 있다"[2]라는 뜻이다. 수의는 아무렇게나 벗겨져 흐트러져 있지 않았다. 본래 모습 그대로 있었다! 세마포에는 전혀 손댄 흔적이 없었다. 말리고 접힌 채로 그대로 있었던 것이다.

어떻게 그럴 수 있을까?

친구들이 시신을 가져갔다면 수의에 싸인 채 그냥 가져가지 않았을까?

적들이 가져갔다 해도 역시 마찬가지 아닐까?

그렇지 않고 어떤 이유로든 친구나 적들이 수의를 벗겼다면 그렇게 가지런히 원래 모습대로 복원할 만큼 신경을 썼단 말인가? 말도 안 된다!

하지만 친구도 적도 시신을 가져가지 않았다면 누가 그랬단 말인가?

이것이 요한의 의문이었다. 바로 그 의문이 그의 깨달음으로 이어졌다. "그 다른 제자[요한]도 … 보고 믿더라"(요한복음 20:8).

죽음의 옷자락 속에서 요한은 생명의 능력을 보았다. 하나님이 수의같이 비참한 것을 사용해 한 사람의 삶을 바꾸시다니 이상하지 않은가?

그러나 하나님은 곧잘 그런 일을 행하신다.

그분의 손 안에서, 결혼식장의 빈 포도주 항아리는 능력의 상징이 된다.

과부의 동전은 후한 드림의 상징이 된다.

베들레헴의 볼품없는 구유는 헌신의 상징이 된다.

사형의 도구는 그분의 사랑의 상징이 된다.

그렇다면 그분이 죽음의 옷을 취해 생명의 화신으로 삼으셨다는 사실이 놀랄 일인가?

다시 같은 질문으로 돌아간다. 하나님은 당신의 삶에도 비숫한 일을 하실 수 있을까? 오늘의 비극의 흔적을 취하여 승리의 상징으로 바꾸실 수 있을까?

모든 것이 합력하여 선을 이룬다

내 친구 라파엘 로살레스에게는 그렇게 해주셨다. 라파엘은 엘살바도르의 목사다. 그런데 엘살바도르의 게릴라들은 라파엘을 자기네 운동의 적으로 간주하고 살해하려 했다. 라파엘은 불타는 자동차 안에 갇혀 목숨을 잃기 직전에 차에서 빠져나올 수 있었고 그 뒤 곧바로 외국으로 피했다. 하지만 그 악몽 같은 기억만은 피할 수 없었다. 흉터는 그를 놓아주지 않았다.

거울로 흉터를 볼 때마다 자기를 괴롭힌 잔학한 사람들이 떠올랐다. 주님께서 그의 마음에 말씀하시지 않았다면 그는 영영 거기서 벗어나지 못했을지도 모른다. "그들은 내게도 똑같이 했다." 구주의 그런 음성이 들려왔다. 하나님이 역사하시자 라파엘은 자신의 흉터를 다르게 보기 시작했다. 이제 흉터는 고통을 떠올리게 하는 것이 아니라 구주께서 당하신 희생의 그림이 되었다. 그는 서서히 가해자들을 용서할 수 있게 되었다. 내가 이 글을 쓰고 있는 바로 이번 주에 그는 새 교회를 개척할 장소를 물색하러 자기 나라로 돌아간다.

이런 변화가 당신에게도 일어날 수 있을까? 나는 의심의 여지없이 그렇다고 믿는다. 당신도 요한이 한 대로만 하면 된다. 떠나지 말라. 곁에 있으라.

말씀의 앞부분을 잊지 말라. "하나님을 사랑하는 … 자들에게는 모든 것이 합력하여 선을 이루느니라"(로마서 8:28).

그것이 예수님을 향한 요한의 마음이었다. 요한은 예수님을 사랑했다. 예수님의 뜻을 다 이해하지도 못했고 언제나 수긍한 것도 아니다. 그러나 그는 그분을 사랑했다.

그분을 사랑했기에 그는 그분 곁에 머물렀다.

성경은 말한다. "하나님을 사랑하는 … 자들에게는 모든 것이 합력하여 선을 이루느니라." 이 장을 덮기 전에 간단한 실습을 하나 해보자. '모든 것'이라는 단어를 없애고 그 자리에 당신에게 비극을 상징하는 것을 대신 넣어보라. 사도 요한이라면 이 구절은 이렇게 된다. "하나님을 사랑하는 자들에게는 '수의'가 합력하여 선을 이루느니라." 라파엘의 경우라면 이렇게 된다. "하나님을 사랑하는 자들에게는 '흉터'가 합력하여 선을 이루느니라."

당신의 삶에서는 로마서 8장 28절이 어떻게 바뀔까?

'병실 입원'이 합력하여 선을 이루느니라.

'이혼 서류'가 합력하여 선을 이루느니라.

'감옥 복역'이 합력하여 선을 이루느니라.

하나님이 비극을 통해 요한의 삶을 변화시키실 수 있었다면 비극을 사용해 당신의 삶도 변화시키실 수 있지 않을까?

믿어지지 않을지 모르지만 당신은 일요일의 부활을 앞두고 지금 코앞인 토요일까지 와 있을지도 모른다. 변화된 심령에서 터져 나오는 소중한 기도를 불과 몇 시간 앞두고 있을지도 모른다. "하나님, 이것이 아버지께서 제게 행하신 일인가요?"

13장
STUDY
GUIDE
✝

너의 비극을
승리로 바꿔주마

스티브 핼리데이|Steve Halliday 엮음

깊은 생각

1. "첫 부활절 일요일에 하나님은 죽음의 옷을 취하여 생명의 상징
   으로 바꿔주셨다. 당신에게도 똑같이 해주실 수 있을까?"

   1) 하나님이 취하여 생명의 상징으로 바꿔주신 죽음의 옷은 구체적으로
      무엇인가?

   2) 저자의 질문에 답해보라. 하나님이 당신에게도 비슷한 일을 행하실
      수 있을까? 설명해 보라.

2. "당신의 삶에 그 토요일과 같은 날이 찾아올 때 당신은 어떻게
   반응하는가? 어제의 비극과 내일의 승리 사이 어딘가를 지날 때
   당신은 어떻게 하는가? 하나님을 떠나는가? 아니면 그분 곁에 그
   대로 남아 있는가?"

   1) "당신의 삶에 그 토요일과 같은 날이 찾아올 때"란 무슨 의미일까?

260

2) 저자의 질문에 답해보라. 나쁜 일이 생길 때 당신은 하나님을 떠나는가? 아니면 그분 곁에 남아 있는가?

3. "죽음의 옷자락 속에서 요한은 생명의 능력을 보았다. 하나님이 수의같이 비참한 것을 사용해 한 사람의 삶을 바꾸시다니 이상하지 않은가?"

1) 하나님이 수의를 사용해 한 사람의 삶을 바꾸시는 것이 이상하게 보이는가? 설명해 보라.

2) 성경에서 하나님이 슬픈 것을 취하여 기쁜 것으로 바꾸신 다른 예들을 찾아 얘기해 보라.

4. "믿어지지 않을지 모르지만 당신은 일요일의 부활을 앞두고 지금 코앞인 토요일까지 와 있을지도 모른다. 변화된 심령에서 터져 나오는 소중한 기도를 불과 몇 시간 앞두고 있을지도 모른다. '하나님, 이것이 아버지께서 제게 행하신 일인가요?'"

1) 지금 당신에게 필요한 "부활"은 무엇인가?

2) 당신은 하나님이 당신에게 그 부활을 주시기 원하신다고 믿는가?

말씀 묵상

1. 요한복음 19장 38-40절, 20장 3-9절을 읽으라.

1) 예수님의 시신을 가져가려고 온 사람은 누구와 누구인가? 두 사람의
공통점은 무엇인가? 이 시점에서 그들은 예수님의 어느 제자들보다
도 용기를 발휘하고 있다. 그 용기가 어떻게 나타나고 있는가?

2) 두 사람은 예수님의 시신을 가져다 어떻게 장례 준비를 했는가? 이것
은 예수께서 정말로 죽으셨음을 어떻게 입증하고 있는가?

3) 예수께서 부활하신 날 베드로와 "그 다른 제자"는 빈 무덤에 들어가
무엇을 보았는가?(요한복음 20장 5-7절) 요한은 어떻게 그 본 것을
인해 믿게 되었는가?

2. 시편 31편 7-8절을 읽으라.

1) 시편 기자는 왜 기뻐하고 있는가? 그 이유를 세 가지 이상 찾아보라.

2) 이 말씀은 어려운 시기를 지나는 우리에게 어떻게 힘이 될 수 있는가?

3. 베드로전서 5장 10절을 읽으라.

   1) 하나님이 어떤 분으로 표현되어 있는가?

   2) 하나님은 우리 모두를 부르사 어디에 들어가게 하시는가?

   3) 하나님은 우리를 언제 "온전하게 하시며 굳건하게 하시며 강하게 하시며 터를 견고하게" 하실 것인가?

4. 로마서 8장 28절을 읽으라.

   1) 우리가 "아는" 것은 무엇인가?

   2) "모든 것"이라는 말은 왜 중요한가?

   3) 이 약속은 누구에게 주어진 것인가? 두 가지 "요건"은 무엇인가?

   4) 이 말씀은 어려운 시기를 지나는 우리에게 어떻게 소망이 될 수 있는가?

적용 실천

1. 저자의 제안을 실천에 옮겨보라. "간단한 실습을 하나 해보자. 로마서 8장 28절 말씀에서 모든 것이라는 단어를 없애고 그 자리에 당신에게 비극을 상징하는 것을 대신 넣어보라." 실제로 해보니 어떤가?

2. 혼자서 혹은 다른 사람과 함께 해보라. 성경에서 하나님이 자기 백성의 명백한 패배 상황을 취하여 승리로 바꾸신 기사를 몇 가지 떠올려보라. 당신은 하나님이 왜 이런 식으로 일하기를 즐겨 하신다고 생각하는가? 현재 당신의 삶에 그런 승리가 필요한 부분은 무엇인가? 하나님이 당신에게도 그런 반전을 일으켜 주시도록 가까운 사람과 함께 그 문제로 기도하라.

나는 승리했노라

빈 무덤에 담긴 하나님의 약속

그리스도가 죽으실 때 당신의 죄도 죽었다.

그분이 다시 살아나실 때 당신의 소망도 살아났다.

그분이 부활하실 때 당신의 무덤은 최종 거주지에서 임시 체류지로 바뀌었다.

[하나님이] 십자가로 그들을 이기셨느니라

골로새서 2:15

첫 부활의 아침 … 산 자의 세상과 죽은 자의 영역을 갈라놓았던
숨 막히는 침묵은 한순간에 깨어지고 말았다.

길버트 빌레지키언Gilbert Bilezikian

그러나 생명이신 분의 단 한 번의 승리로,
그 세 가지—죄와 죄책과 죽음—가 모두 사라지게 되었습니다.
이 모두가 우리 주 예수 그리스도의 선물입니다.
그러니 하나님께 감사드리십시오.

고린도전서 15:57, 메시지

항상 우리를 그리스도 안에서 이기게 하시고 … 하나님께 감사하노라

고린도후서 2:14

그리스도의 출생

— 예수님이 태어났다는 말을 듣고 헤롯 왕이 한 말

"죽여라. 세상의 이쪽 구역에 왕의 자리는 하나뿐이다."

— 베들레헴에서 메시아가 태어났다는 사실을 믿은 종교 지도
자들의 수

0.

— 그 사실을 믿은 사람들

별을 보던 자들, 밤 근무하던 목자들. 성관계보다 아기의
출생을 더 귀한 체험으로 여기며 기다려온 한 신혼부부.

— 하나님을 세상에 태어나게 해준 대가로 요셉과 마리아에게
돌아온 것

2년간의 망명 생활, 이집트어 공부.

이것이 기독교의 시작이었다(아주 조용한 시절이었다).

그리스도의 사역

— 자신이 하나님께로부터 왔다는 예수님의 주장에 대해 그분
  고향의 길거리에 나돌던 말

"이상한 집안이야. 저 사람 사촌이 누군지 자네도 봤지?"

— 고향 사람들의 반응

"돌로 쳐 죽여라."

— 형제들의 의견

"집 안에 가둬두자."

— 예수님이 불러 모으신 제자들의 수

70.

— 종교 지도자들 앞에서 예수님을 옹호한 제자들의 수

0.

— 예수님을 따르는 자들에 대해 예루살렘 신문 사설 난에 실
  린 평가

선착장과 홍등가에서 소집된 무능한 실직자 무리.

— 예수님이 치유해 주신 문둥병자, 소경, 절름발이의 수

　너무 많아 셀 수 없음.

— 고침 받은 문둥병자, 소경, 절름발이 중에서 예수님이 죽으

　시던 날 그분을 옹호해 준 사람의 수

　0.

그리스도의 처형

— 성전을 정화하시기 전 예수님에 대한 대중의 여론

　"정계로 출마하나 지켜보자."

— 성전을 정화하신 후 예수님에 대한 대중의 여론

　"출마 시기가 얼마나 빨라질지 보자."

— 유대 공회의 판결

　세 개의 못과 창 한 자루.

— 예수께서 죽으신 후 예루살렘 거리에 나돌던 말

　"그냥 가구업이나 계속 하지 않고서…."

— 예수께서 자신이 죽으신 후 사흘 만에 다시 살아나실 것이

　라고 예언하신 횟수

세 번.

— 그 예언을 들은 제자들의 수

전부.

— 그 예언의 성취를 보려고 무덤 앞에서 기다린 제자의 수

0.

— 예수님을 따르던 자들 중 부활을 사전에 믿었던 사람의 수

당신이 계산해 보라.

— 예수님이 십자가에서 죽으신 다음 날, 주후 2000년에 예수 라는 이름이 알려질 가능성에 대해 한 도박업자가 걸었을 확률

"차라리 부활한다는 쪽에 더 높은 확률을 걸겠네."

그리스도의 운동

— 부활의 소문에 대한 유대 지도자들의 공식 반응

"물론 그 자들은 살아났다고 하겠지. 그렇지 않고 달리 뭐 라 하겠나?"

— 예수님의 부활에 대한 유대 지도자들의 실제 반응

"허다한 제사장의 무리도 이 도에 복종하니라"(사도행전 6:7).

— 교회에 대한 유대 지도자들의 결정

"이 사상과 이 소행이 사람으로부터 났으면 무너질 것이요 만일 하나님께로부터 났으면 너희가 그들을 무너뜨릴 수 없겠고"(사도행전 5:38-39).

— 교회의 반응

"그때에 제자가 더 많아졌는데"(사도행전 6:1).

— 사울의 회심에 대한 유대 지도자들의 공식 반응

"예전 바리새인이 하나 없어져 속이 시원하군. 몇 달 못 가서 감옥에 갈걸. 그럼 뭘 하려나? 편지나 쓰려나?"

— 이전의 제자들은 깨닫지 못했으나 사울이 바울이 되어 깨달은 것

"이 예수를 하나님이 그의 피로써 믿음으로 말미암는 화목 제물로 세우셨으니"(로마서 3:25).

지금도 계속되는 운동

— 프랑스 철학자 볼테르의 신념

"성경과 기독교는 백 년 안에 없어질 것이다." 볼테르는 1778년에 죽었다. 운동은 여전하다.

— 1882년 프리드리히 니체의 공표

"하나님은 죽었다." 그는 과학의 여명을 기독교 신앙의 종말로 보았다. 과연 과학에 동이 텄다. 그러나 운동은 지금도 계속되고 있다.

— 공산주의 사전에 실린 성경의 정의

"과학적 뒷받침이 전혀 없는 공상적인 전설을 모아놓은 책." 공산주의는 갈수록 시들시들해 가고 있다. 그러나 운동은 지금도 계속되고 있다.

— 기독교 신앙을 묻으려 했던 모든 사람이 한결같이 깨달은 사실

신앙의 창시자를 묻으려 했던 자들이 깨달은 사실과 똑같다. 그분은 무덤에 머무시지 않는다.

— 사실

이 운동은 지금보다 위세를 떨친 적이 없다. 천주교도만

10억 명이 넘고 개신교인도 그에 버금간다.

— 의문

이 사실을 어떻게 설명할 것인가? 예수님은 못 배운 시골 사람이었다. 책도 쓴 적이 없고 직함을 가져본 일도 없다. 고향에서 350킬로미터 반경을 벗어나본 일도 없다. 친구들은 그분을 등졌다. 그중 하나는 배반했다. 그분이 도와주셨던 사람들은 그분을 잊어버렸다. 죽으시기 전에 그들은 그분을 버렸다. 하지만 죽으신 후에는 더 이상 그분을 거부할 수 없었다. 어째서 달라진 것일까?

— 답

그분의 죽음과 부활.

그분이 죽으실 때 당신의 죄도 죽었다.

그분이 다시 살아나실 때 당신의 소망도 살아났다.

그분이 부활하실 때 당신의 무덤은 최종 거주지에서 임시 체류지로 바뀌었다.

— 그분이 죽으시고 다시 사신 이유

거울로 보이는 얼굴.

— 2000년 후의 판결

헤롯이 옳았다. 왕의 자리는 하나다.

14장

STUDY
GUIDE
✝

나는
승리했노라

스티브 핼리데이Steve Halliday 엮음

깊은 생각

1. 이 장의 각 단원에서 당신에게 가장 도움이 된 말은 무엇인가?

  1) 그리스도의 출생

  2) 그리스도의 사역

  3) 그리스도의 처형

  4) 그리스도의 운동

  5) 지금도 계속되는 운동

2. 당신을 가장 놀라게 한 말은 무엇인가? 그 이유는?

275

말씀 묵상

1. 골로새서 2장 15절을 읽으라.

  1) 하나님은 어떻게 십자가를 수치의 도구에서 찬미의 제목으로 바꾸셨는가?

  2) 하나님은 어떻게 십자가를 죽음의 형틀에서 생명의 산실로 바꾸셨는가?

  3) 하나님은 어떻게 십자가를 공포의 대상에서 기쁨의 대상으로 바꾸셨는가?

  4) 하나님은 어떻게 십자가로 사단을 이기고 가장 위대한 승리를 이루셨는가?

  5) 당신은 사단이 자기에게 임박한 패배를 보았다고 생각하는가? 설명해 보라.

2. 이 장 맨 앞에 인용된 번역(메시지)으로 고린도전서 15장 57절을 읽으라.

1) 십자가로 정복된 세 가지 적은 무엇인가?

2) 어떻게 그것이 가능했는가?

3) 누가 그것을 가능케 했는가?

4) 이 영광의 승리에 우리는 어떻게 반응해야 할까?

3. 고린도후서 2장 14절을 읽으라.

1) 우리에게 약속된 것은 무엇인가?

2) 우리 앞에 놓인 승리는 어떤 승리인가?

3) 십자가는 어떻게 이런 승리의 한 예가 되는가?

4) 십자가의 실체는 우리의 영적 승리에 대해 무엇을 말해주는가?

적용 실천

1. 당신이 시에 대해 전혀 관심이 없다 할지라도 그리스도의 빈 무덤에 대한 당신의 감정을 짤막한 시로 표현해 보라. 당신에게 가장 큰 의미로 와닿는 부분을 강조하라. 용기가 있다면 당신이 쓴 시를 이해심 많고 칭찬이 후한 친구에게 보여주라(정 어렵다면, 죽음을 이기신 그리스도의 승리에 대한 당신의 감정을 그냥 단어만 쭉 써서 표현해도 좋다).

2. 당신이 예수님의 부활 때 무덤에 파송 받은 천사 중 하나라고 생각해 보라. 돌을 굴리고 그 위에 앉았던 천사, 무덤을 파수하던 군병들을 기겁하여 혼절하게 만들었던 그 천사라고 상상해 보라. 당신의 마음에 어떤 생각들이 지나갈까? 어떤 감정들이 느껴질까? 당신이 하고 싶은 일은 무엇일까? 누구에게 말해주고 싶을까? 죽음에서 다시 살아나신 예수님께는 뭐라고 말하겠는가? 당신이 부활하신 그분을 처음 목격한 자라면 그분께 어떻게 인사를 건네겠는가?

15장

십자가에 무엇을 내려놓겠는가?

모든 순간을 책임지신다는 하나님의 약속

염려되는 순간들을 가지고 십자가로 가라.

그 염려의 순간들을 나쁜 순간들,

화난 순간들과 함께 십자가 밑에 내려놓으라.

그리고 당신의 마지막 순간을 내려놓으라.

너는 마음을 다하여 여호와를 신뢰하고 네 명철을 의지하지 말라
너는 범사에 그를 인정하라 그리하면 네 길을 지도하시리라

잠언 3:5-6

너희 염려를 다 주께 맡기라 이는 그가 너희를 돌보심이라

베드로전서 5:7

마음으로 체험하지 않는 한 아무도 믿음의 위력을 제대로 알 수 없다.

장 칼뱅

당신 자신의 양심으로 그리스도를 느껴야 한다. 온 세상이 이의를
제기할지라도 당신은 그분이 하나님의 말씀임을 확실히 체험해야 한다.
그 체험이 없는 한 당신은 아직 하나님의 말씀을 맛보지 못한 것이다.

마르틴 루터

하나님이 쓰신 십자가 각본

이제 언덕은 조용하다. 멈춘 것은 아니지만 조용하다. 하루 중 처음으로 소음이 없다. 기이한 한낮의 어두움이 덮이자 떠드는 소리가 잦아든다. 끼얹는 물에 불길이 잡히듯 사방이 캄캄해지자 조롱이 가라앉는다. 더 이상 비웃음도 없다. 더 이상 농지거리도 없다. 더 이상 시시덕거림도 없다. 그리고 얼마 후, 조롱하던 사람들마저 보이지 않는다. 구경꾼들은 하나씩 둘씩 돌아서 언덕길을 내려간다.

당신과 나만 빼고 모든 구경꾼이 떠났다. 우리는 떠나지 않았다. 우리는 배우러 왔다. 그래서 우리는 어두컴컴한 음지에 남아 귀 기울여 들었다. 군병들이 욕하는 소리를 들었다. 지나가는 사람들의 반문을 들었고, 여자들의 울음소리를 들었다.

그러나 무엇보다도 우리는 죽어가는 세 사람의 신음소리를 들었다. 타는 목마름으로 쉴 대로 쉬어 목구멍에서 간신히 새어 나오는 신음소리. 고개를 돌릴 때마다 다리를 움직일 때마다 그들의 입에서는 신음소리가 새어 나왔다.

그러나 시간이 흐르면서 신음소리는 점차 들릴락 말락 작아졌다. 세 사람은 죽은 듯 보였다. 끊어질 듯 이어지는 숨소리만 아니었다면 죽은 줄 알았을 것이다.

그때 그분이 소리를 지르셨다. 누가 머리카락이라도 잡아당긴 것처럼 뒤통수로 자신의 이름이 적힌 죄패를 내려치셨다. 그리고 소리 지르셨다. 단도로 휘장을 베어내듯 그분의 비명이 어둠을 가른다. 세 개의 못이 허락하는 한 최대한 곧은 자세로 서서 그분은 마치 잃어버린 친구를 부르는 사람 마냥 부르짖으셨다. "엘리!"

날카로운 목소리에 아픔이 배어 있다. 그분의 커다란 눈동자에 군병들의 횃불이 비쳐 아른거린다. "나의 하나님!"

그분은 화산처럼 폭발하는 통증조차 무시한 채 어깨가 못 박힌 손보다 높아지도록 잔뜩 몸을 곧추세우신다. "어찌하여 나를 버리셨나이까?"

군병들이 쳐다본다. 여자들의 울음소리가 멎는다. 바리새인 중 하나가 비꼬듯 코웃음 친다. "저가 엘리야를 부른다."

아무도 웃지 않았다.

그분은 소리 질러 하늘에 질문을 올렸다. 당신은 하늘도 소리 질러 대답할 줄 알았으리라.

들려온 대답은 무엇인가? 예수님의 얼굴에 핏기가 사라진다. 그리고 마지막 말씀이 들려온다. "다 이루었다. 아버지여, 내 영혼을 아버지 손에 부탁하나이다." 그리고 한낮의 어두움이 덮쳐왔다.

그분이 마지막 호흡을 뱉으시는 순간 갑자기 땅이 부르르 떤다. 바위가 터지고 군병이 비틀거린다. 그러고는 침묵이 깨진 것만큼이나 갑작스레 다시 침묵이 찾아온다.

지금은 온 사방이 조용하다. 조롱도 끝났다. 조롱하던 사람들이 다 가고 없다.

군병들은 시체를 수습하느라 바쁘다. 그들에게 두 사람이 다가왔다. 옷차림을 보아 평범한 이들은 아니다. 그들의 동기는 순수했다. 그 두 사람에게 예수님의 시신이 넘겨진다.

우리 앞에는 그분의 죽음의 유물만이 덩그러니 남아 있다.

상자 속에 담긴 세 개의 못.

세 십자가의 그림자.

핏자국이 묻은 가시 면류관.

기이하지 않은가? 이 피가 사람의 피가 아니라 하나님의
피라는 사실이?

이상하지 않은가? 이 못들이 당신의 죄를 십자가에 박았다
고 생각하면?

엉터리 같지 않은가? 강도의 기도 한마디가 응답되었다는
사실이? 다른 강도가 기도하지 않은 것은 더 신기하지 않은
가?

엉터리와 아이러니. 갈보리 언덕은 그 둘을 빼면 아무것도
아니다.

우리가 대본을 쓰게 했다면 이와는 다르게 썼을 것이다. 하
나님이 세상을 어떻게 구원해야 하는지 우리한테 물어보신다
면 얼마든지 대답해 줄 것이다! 백마와 번쩍이는 검으로 악은
뒤로 나동그라지며 하나님은 보좌에 좌정하신다고 말이다.

하지만 하나님이 십자가에?

터진 입술, 부은 눈, 피 묻은 얼굴로 하나님이 십자가에?

해면이나 받으면서?

창에 옆구리를 찔리면서?

발밑에서 주사위가 구르는데?

우리라면 구속의 드라마를 그렇게 쓰지 않을 것이다. 하지만 하나님은 우리에게 대본을 써달라고 부탁하시지 않았다. 이 연기자들과 소품들은 다 하나님이 직접 골라 명하신 것이다. 그분은 그 시간의 각본을 우리에게 맡기시지 않았다.

우리에게 맡겨진 일은 따로 있다. 이 사건에 대한 반응이다. 그리스도의 십자가가 당신 삶의 십자가가 되려면 당신과 나도 그 언덕에 뭔가를 가져와야 한다.

십자가에 내려놓아야 할 것

우리는 지금까지 예수님이 가져오신 것들을 보았다. 뚫어진 손으로 그분은 용서를 베푸셨다. 찢어진 살갗으로 그분은 용납을 약속하셨다. 우리를 집으로 데려가시려 그분은 그 길을 걸어오셨다. 우리 옷을 입으시고 대신 우리에게 자신의 옷을 내주셨다. 우리는 그분이 가져오신 선물들을 보았다.

이제 남은 질문은 이것이다. 나는 무엇을 가져갈 것인가?

죄패를 쓰거나 못을 나르는 일은 우리에게 맡겨지지 않았다. 침 뱉음을 당하거나 가시 면류관을 쓰는 일도 우리에게 맡겨지지 않았다. 하지만 우리에게 맡겨진 일이 있다. 우리도 그 길을 걸어올라 십자가 밑에 뭔가를 내려놓아야 한다.

물론 반드시 그래야 하는 것은 아니다. 그러지 않는 사람들도 많이 있다.

지금까지 우리가 한 일을 많은 사람들이 했었다. 우리보다 더 많은 사람들이 십자가 이야기를 읽었고, 우리보다 더 똑똑한 사람들이 십자가 이야기를 글로 썼다. 십자가에서 그리스도가 버리신 것을 생각한 사람들은 많다. 그러나 우리가 내려놓아야 할 것을 생각한 사람들은 훨씬 적다.

내가 당신에게 십자가 밑에 무언가를 내려놓으라고 권해도 될까? 당신은 십자가를 관찰할 수 있고 분석할 수 있다. 십자가에 대해 읽을 수 있고 십자가를 들고 기도할 수도 있다. 그러나 그곳에 뭔가를 내려놓지 않는 한 당신은 십자가를 끌어안지 못한 것이다.

나쁜 순간부터 내려놓는다면

당신은 그리스도가 버리신 것을 보았다. 당신도 뭔가를 내려놓지 않겠는가? 우선 나쁜 순간부터 시작하면 어떨까?

나쁜 습관들? 십자가에 내려놓으라. 이기적인 감정과 편리한 거짓말? 하나님께 내어드리라. 흥청망청 술판과 고집스런 생각? 하나님이 다 달라 하신다. 망쳐버린 일, 모든 낭패. 하나님이 하나도 빼놓지 않고 다 원하신다. 왜? 그런 걸 가지고는 살 수 없다는 것을 아시기 때문이다.

어려서 나는 집 옆 공터에서 풋볼을 하며 자랐다. 주일 오후면 친구들과 서로 유명 풋볼 선수들을 흉내 내며 놀았다.

내가 자란 텍사스 서부의 공터에는 몸에 달라붙는 깔쭉깔쭉한 풀들이 있다. 그 풀 위로 넘어지면 아프지만 넘어지지 않고는 풋볼을 할 수 없다. 일단 넘어지면 그대로 들러붙고 만다.

풀밭에서 가까스로 몸을 일으켜 전신에 달라붙은 까끌까끌한 풀씨를 떼어내느라 남의 도움을 청해야 했던 일이 얼마나 많았는지 모른다. 아이들은 다른 아이들에게 그 일을 부탁하지 않았다. 요령 있는 사람이 필요했다. 절뚝절뚝 집으로 걸어가면 아버지가 내 옷에서 까끌까끌한 풀씨를 떼어주시곤 했다. 하나씩 뗄 때마다 얼마나 아프던지.

나는 별로 똑똑하지는 않았지만 이것만은 알았다. 풋볼 시합을 계속하려면 아픈 풀씨부터 떼어내야 했다.

인생의 모든 실수도 까끌까끌한 풀씨 같은 것이다. 넘어지지 않고 살 수는 없다. 일단 넘어지면 실수의 흔적이 들러붙게 마련이다. 하지만 이상한 일이 있다. 우리는 어린 풋볼 선수들만큼도 똑똑하지 못할 때가 많다. 아픈 풀씨를 떼어내지 않은 채 그냥 시합에 뛰어들려 하는 것이다. 자기가 넘어졌다는 사실을 아무도 모를 줄 알고 그저 아무 일 없었던 듯 둘러댄다. 그 결과로 우리는 고통 속에 살아간다. 잘 걸을 수 없고 편히 잘 수 없고 잘 쉴 수 없다. 오, 삶이란 얼마나 힘겨운 것이던가.

하나님은 우리가 그렇게 살기를 원하실까? 천만의 말씀이다. 그분의 약속을 들어보라. "내가 내 백성에게 반드시 하고야 말 일이 이것이다. 그들에게서 내가 죄를 제거할 것이다"(로마서 11:27, 메시지). 바꿔 말하면 우리 죄를 없이하신다는 것이 곧 그분의 약속이다.

하나님은 우리의 실수를 용서하시는 정도가 아니다. 아예 없애버리신다! 우리는 실수를 그분께 가져가기만 하면 된다.

그분이 원하시는 것은 우리가 이미 저지른 실수만이 아니다. 그분은 우리가 현재 저지르며 사는 실수도 원하신다! 오늘 당신의 삶에도 실수가 있는가? 음주가 과한가? 직장에서 남을 속이는가? 배우자를 속이는가? 돈 관리가 엉망인가? 인생의 관리가 엉망인가?

그렇다면 아무 문제도 없는 척하지 말라. 넘어지지 않는 척하지 말라. 그대로 다시 시합에 뛰어들려 하지 말라. 먼저 하나님께 가라. 넘어진 후의 첫걸음은 십자가를 향해야 한다. "만일 우리가 우리 죄를 자백하면 그는 미쁘시고 의로우사 우리 죄를 사하시며 우리를 모든 불의에서 깨끗하게 하실 것이요"(요한일서 1:9).

당신은 십자가에 무엇을 내려놓을 수 있는가? 당신의 나쁜 순간들로 시작하라. 그리고 계속해서 당신의 화난 순간도 하나님께 내어드리라.

개한테 물린 사람 이야기를 혹 아는가? 그 사람은 개한테 광견병이 있음을 알고는 갑자기 종이에 뭘 쓰기 시작한다. 의사는 그에게 유서까지 쓸 필요는 없으며 병을 고칠 수 있다고 말한다. 그러자 그가 대답한다. "유서를 쓰는 게 아닙니다. 이 개한테 물려야 할 사람들의 명단을 작성하는 중이에요."

우리도 다 그런 명단을 만들지 않는가? 당신도 이미 다 터득한 사실 아닌가? 친구가 언제나 친구는 아니라는 것. 이웃이 언제나 이웃은 아니라는 것. 직원들 중에는 손 하나 까딱하지 않는 자들이 있다는 것. 상관들 중에는 밤낮 거드름만 피우는 자들이 있다는 것.

당신도 이미 배운 사실 아닌가? 약속이라고 매번 지켜지지는 않는다는 것. 아버지라고 해서 언제나 아버지답게 행동하지는 않는다는 것. 예식장에서는 "예"라고 말해놓고도 실제 결혼 생활에서는 "아니오"라고 말할 수 있다는 것.

당신도 이미 깨우친 사실 아닌가? 우리에게는 되받아 싸우는 기질이 있다는 것. 내가 당한 그대로 갚아주려는 성향이 있다는 것. 자기 마음에 안 드는 사람들의 명단을 만들어서 품고 다니며 호통치고 으르렁거린다는 것.

하나님은 당신의 그 명단을 원하신다. 그분은 그의 한 종에게 영감을 주어 이렇게 쓰게 하셨다. "사랑은 원한을 품지 않습니다"(고린도전서 13:5, 쉬운성경). 그분은 우리가 이 명단을 십자가 밑에 내려놓기 원하신다.

쉽지 않다.

"그 자들이 나한테 한 일을 보라!" 우리는 항거하며 자신의 상처를 가리킨다.

"내가 너를 위해 한 일을 보라!" 그분은 그렇게 일깨우시며 십자가를 가리키신다.

바울은 그것을 이렇게 표현했다.

"누가 누구에게 불만이 있거든 서로 용납하여 피차 용서하되 주께서 너희를 용서하신 것같이 너희도 그리하고"(골로새서 3:13).

내게 잘못한 사람들의 명단을 만들지 말라는 것, 그것이 당신과 내게 주어진 명령이다. 권고 사항이 아니다.

그런데 솔직히 생각해 보라. 당신은 정말 그런 명단을 품고 다니고 싶은가? 당신이 당한 부당한 대우를 정말 모조리 적어두고 싶은가? 평생 으르렁거리며 물어뜯고 싶은가? 아닐 것이다. 하나님도 당신이 그렇게 살기를 바라시지 않는다. 죄가 당신 속에 깊이 물들기 전에 버리라. 원한이 끓어올라 터지기 전에 내어버리라. 또 하나 있다. 염려가 삶을 마비시키기 전에 하나님께 맡기라. 당신의 염려의 순간을 하나님께 드리라.

어떤 사람이 심리학자에게 염려가 많아 꿈자리가 사납다고 말했다. 어떤 날은 꿈속에서 자기가 소형 텐트가 되었다가 어떤 날은 원추형 텐트가 된다는 것이었다. 의사는 재빨리 상황을 분석해 이렇게 대답했다. "무슨 문제인지 알겠습니다. 당신은 너무 긴장돼 있습니다." (두 개의 텐트Two tents와 너무 긴장돼 있다Too tense의 발음이 비슷하다 — 옮긴이 주)

우리도 대부분 그렇다. 부모들은 특히 염려가 많다. 우리

딸들은 지금 운전을 시작할 나이다. 걸음마를 가르치던 때가 엊그제 같은데 벌써 운전대에 앉게 된 것이다. 생각만 해도 겁난다. 제나의 차에 특별한 범퍼 스티커를 만들어 붙여줄까 생각 중이다. "제 운전이 어떤가요? 1-800-CALL-DAD(아빠한테 전화해 주세요)."

이런 염려를 어찌할 것인가? 당신의 염려를 가지고 십자가 앞으로 가라. 글자 그대로 십자가 앞으로 가라. 다음번에 건강이나 주택이나 재정이나 비행기 탑승 따위로 마음에 걱정이 되거든 마음속에서 갈보리 언덕으로 올라가라. 잠시 시간을 내어 수난의 소품들을 다시 들여다보라.

손가락으로 창 자루를 만져보라. 손바닥에 대못을 놓고 그 무게를 가늠해 보라. 당신의 언어로 기록된 나무 죄패를 읽어보라. 때 묻은 옷자락을 만져보라. 손에 하나님의 피를 묻혀보라.

당신을 위해 흘리신 피.

당신을 위해 찔리신 창.

당신을 위해 박히신 못.

당신을 위해 남겨두신 패.

모두가 당신을 위해 하신 일이다. 거기서 그분이 그 모든 일을 당신을 위해 당하셨다면 지금도 당신을 돌봐주시지 않겠는가?

바울은 이렇게 썼다. "자기 아들을 아끼지 아니하시고 우리 모든 사람을 위하여 내주신 이가 어찌 그 아들과 함께 모든 것을 우리에게 주시지 아니하겠느냐"(로마서 8:32).

자신에게 한번 적용해 보라. 염려되는 순간들을 가지고 십자가로 가라. 그 염려의 순간들을 당신의 나쁜 순간들, 화난 순간들과 함께 십자가 밑에 내려놓으라. 한 가지만 더 제안하겠다. 당신의 마지막 순간을 내려놓으라.

그리스도의 재림이 앞서지 않는 한 당신과 나는 반드시 그 순간을 맞이할 것이다. 마지막 순간. 마지막 호흡. 마지막 눈깜박임. 마지막 심장 박동. 1초도 안 되는 순간 당신은 잘 알던 세상을 떠나 잘 모르는 세상에 들어설 것이다.

두려운 이유가 거기에 있다. 죽음이란 철저한 미지의 세계다. 미지의 세계라면 누구나 언제나 몸을 사린다.

우리 딸 사라가 꼭 그랬다. 어느 날 데날린과 나는 기막힌 계획을 세웠다. 딸아이들 학교 수업이 끝나자마자 차에 태워 함께 주말여행을 가려던 참이었다. 호텔도 예약해 두었고 학교 선생님들에게도 미리 알려놓았다. 다만 아이들한테만은 비밀로 했다. 금요일 오후 수업을 마치는 4학년 교실에 도착하는 순간 우리는 사라가 환호성을 지를 줄 알았다. 그런데 아니었다. 사라는 두려워했다. 떠나려 하지 않았다!

교실을 나서면서 나는 아무 문제 아니라고 사라에게 확인시켜 주었다. 재미있는 곳에 데려가려는 것이라고 말했다. 그래도 통하지 않았다. 차에 도착할 무렵, 사라는 울고 있었다. 사라는 당혹스러웠다. 자신이 알지 못하는 무언가 끼어드는 것이 싫었을 것이다.

우리도 마찬가지다. 하나님은 생각지 못한 시간에 우리를 찾아오신다고 약속하신다. 우리를 지금 우리가 아는 이 잿빛 세상에서 우리가 모르는 황금빛 세상으로 데려다주신다고 약속하신다. 그러나 우리는 선뜻 가고 싶은 마음이 없다. 모르는 곳이기 때문이다. 그분이 데리러 오신다는 생각에 기분이 상하기까지 한다.

바로 그렇기 때문에 하나님은 사라가 마침내 했던 일을 우리도 하길 원하신다. 바로 아버지를 믿는 것이다. 그분은 타이르신다. "너희는 마음에 근심하지 말라 하나님을 믿으니 또 나를 믿으라 … 내가 다시 와서 너희를 내게로 영접하여 나 있는 곳에 너희도 있게 하리라"(요한복음 14:1, 3).

잠시 후 사라의 마음은 진정됐고 여행을 아주 즐거워했다. 실은 돌아오려 하지 않았다. 당신도 절대 돌아오려 하지 않을 것이다.

마지막 순간에 대해 근심이 있는가? 그 근심을 십자가 밑에 내려놓으라.

당신의 나쁜 순간들, 화난 순간들, 염려의 순간들과 함께 내려놓으라.

이쯤 되면 아마 이런 생각이 들 것이다. "맥스, 그런 순간들을 다 십자가 밑에 내려놓으면 나한테 남는 것은 좋은 순간들뿐이군요."

당신이 그렇다면 정말 그렇지 않을까?

15장
STUDY
GUIDE
✝

십자가에 무엇을
내려놓겠는가?

스티브 핼리데이|Steve Halliday 엮음

깊은 생각

1. "엉터리와 아이러니. 갈보리 언덕은 그 둘을 빼면 아무것도 아니다."

1) 갈보리 언덕을 에워싸고 있던 엉터리의 측면은 어떤 것들이 있는가?

2) 갈보리 언덕을 에워싸고 있던 아이러니의 측면은 어떤 것들이 있는가?

3) 엉터리와 아이러니 중 당신의 마음에 더 와닿는 쪽은 무엇인가? 그 이유는?

2. "우리라면 구속의 드라마를 그렇게 쓰지 않을 것이다. 하지만 하나님은 우리에게 대본을 써달라고 부탁하시지 않았다. 이 연기자들과 소품들은 다 하나님이 직접 골라 명하신 것이다. 그분은 그 시간의 각본을 우리에게 맡기시지 않았다. 우리에게 맡겨진 일은

따로 있다. 이 사건에 대한 반응이다. 그리스도의 십자가가 당신 삶의 십자가가 되려면 당신과 나도 그 언덕에 뭔가를 가져와야 한다."

1) 당신이 구속의 드라마 작가로 위촉받았다면 각본을 어떻게 쓰겠는 가?

2) 당신은 갈보리에 어떻게 반응했는가?

3) 그 언덕에 당신이 가져온 것은 무엇인가?

3. 저자는 우리에게 십자가 밑에 뭔가를 내려놓으라고 촉구하고 있 다. 다음 각 범주에서 당신이 갈보리에 내려놓을 수 있는 것은 무 엇인가?

1) 나쁜 순간들

2) 화난 순간들

3) 염려의 순간들

4) 마지막 순간

말씀 묵상

1. 요한복음 14장 1-3절을 읽으라.

    1) 예수께서 이 말씀을 하실 때 제자들에게 있던 근심거리는 무엇인가?

    2) 근심을 덜어주기 위해 예수님은 그들에게 어떤 말씀을 하시는가?

    3) 이 말씀은 어떤 면에서 오늘 우리에게도 동일하게 적용되는가?

2. 요한일서 1장 9절을 읽으라.

    1) 우리에게 주어진 약속은 무엇인가?

    2) 당신이 지금 갈보리에 내려놓아야 할 자백은 무엇인가?

3. 고린도전서 13장 5절을 읽으라.

1) 이 구절에 나오는 사랑의 특성은 무엇인가?

2) 당신이 반대로 행한 죄들 중 지금 그리스도께서 갈보리에 내려놓으라고 말씀하시는 것은 무엇인가?

4. 잠언 3장 5-6절을 읽으라.

1) 우리가 해야 할 일은 무엇인가?

2) 실제적 의미에서 어떻게 그렇게 할 수 있는가?

3) 우리에게 주어진 약속은 무엇인가?

4) 이 약속의 유익을 누리기 위해 당신이 십자가 밑에 내려놓아야 할 것은 무엇인가?

5. 베드로전서 5장 7절을 읽으라.

1) 우리가 해야 할 일은 무엇인가?

2) 이 말씀에 순종하는 자들에게 주어진 약속은 무엇인가?

3) 이 약속의 유익을 누리기 위해 당신이 십자가 밑에 내려놓아야 할 것은 무엇인가?

적용 실천

1. 종이에 당신의 모든 나쁜 순간들, 화난 순간들, 염려의 순간들을 최대한 많이 적어보라. 그 내용을 주님께 고백한 뒤 종이를 먼 곳으로 가져가 찢은 후, 나무 밑에 묻으라. 집으로 돌아오는 길에, 그 모든 무거운 짐을 십자가 밑, 곧 그 짐들이 위력을 잃는 유일한 곳에 내려놓게 해주신 주님께 감사의 기도를 드리라.

2. 개인 예배를 구상하여 드려보라. 가족들을 초청하거나 혼자서 해도 좋다. 하나님이 당신의 마음을 얻기 위해 하신 모든 놀라운 일들에 초점을 맞추어 찬송가나 복음성가를 몇 곡 신중히 골라 마음껏 부르라. 짧막한 성경 구절을 몇 군데 찾아 읽으며 하나님이 당신을 위해 당하신 모든 일들을 되새겨 보라. 그분의 은혜를 인해, 또한 그리스도를 (그리고 당신의 죄를) 십자가에 박아준 못을 인해 감사하는 시간을 가지라. 기쁨과 감격의 시간으로 보내라. 마음껏 올려드리는 찬양으로 하나님의 마음에 기쁨을 드리라.

아버지의 메시지

종이는 대단하달 것이 전혀 없었다. 울퉁불퉁한 고급 편지지도 아니었다. 투명 무늬도 없었다. 두툼한 아트지도 아니었다. 로고도 없었다. 그저 괘선이 그어진 누런 종이 한 장이었다. 맨 위에는 찢어낸 자국이 그대로 있었다.

필체도 대단하달 것이 전혀 없었다. 한때는 굉장히 멋졌다. 어렸을 때만 해도 나는 그 글씨를 흉내 내려 했었다. 그러나 이제는 당신이라도 이 필체를 흉내 내고 싶지 않을 것이다. 해독 자체가 이만저만 어렵지 않다. 삐딱하게 기울어진 선. 고르지 못한 글씨. 일관성 없는 간격.

그러나 이 편지는 우리 아버지의 최선의 작품이었다. 아버지는 루게릭병으로 손 근육이 약해져 종이에 글씨를 쓰는 것은 고사하고 포크를 입으로 올리는 것도 힘드실 정도였다. 손가락을 전부 붕대로 동여맨 채 펜을 쥐고서 글씨를 쓴다고 생각해 보라. 우리 아버지의 수고가 조금은 이해될 것이다.

그것은 아버지가 우리한테 쓰신 마지막 편지였다. 아버지는 비행기의 자동 착륙 장치와 혹한의 날씨 때문에 하마터면 목숨을 잃으실 뻔했다. 데날린과 나는 브라질에서 급히 귀국해, 병원 음식을 먹으면서 교대로 병상을 지키며 한 달을 보냈다. 다행히 아버지는 회복되셨고 우리는 다시 남미로 돌아갔다. 이 편지를 받은 것은 도착 후 하루나 이틀쯤 지나서였다.

사랑하는 맥스와 데날린에게

집에 잘 도착했다니 다행이다. 이제 자리 잡고 일을 시작해야지.

너희가 와주어 얼마나 기뻤는지 모른다. 밤에도 내 곁을 지켜주어 더 기뻤고.

맥스, 너와 데날린은 무슨 일이 있어도 백년해로해야 한다.

굳이 다시 쓰지 않아도 잘 알겠지. 내가 너희들 둘을 얼마나 사랑하는지 말이다. 항상 그리스도인답게 선하게 살고 하나님을 경외하여라.

이 땅에서 모두 다시 만나게 되기를 바란다. 그게 안 된다면 하늘에서 보자.

1984년 1월 19일
너희를 한없이 사랑하는 아빠로부터

아버지가 이 글을 쓰시는 모습을 머릿속에 그려보았다. 병상에 몸을 일으켜 세우시고 앉아 손에 펜을 쥐고 무릎에 받침을 대고, 이것이 자신의 마지막 메시지라고 생각하시면서. 우리 아버지가 단어 하나하나를 신중하게 고르셨을까? 말할 것도 없다.

그와 똑같은 당신의 모습을 상상해 보라. 사랑하는 이들에게 줄 당신의 마지막 메시지는 무엇일까? 자녀나 배우자에게 마지막 남기고 갈 말.

당신은 뭐라고 말하겠는가? 어떻게 말하겠는가?

첫 번째 질문은 아직 답을 모른다 해도 두 번째 질문은 답할 수 있으리라. 당신이라면 마지막 말을 어떻게 하겠는가? 신중하게, 정성 들여 할 것이다. 마치 화가 모네가 팔레트 앞에 서는 심정이 되지 않을까? 적절한 색 정도가 아니라 완벽한 명

암과 정확한 색조를 찾아서 말이다. 대부분의 경우 마지막 말을 할 기회는 오직 한 번뿐이다.

예수님께도 한 번밖에 없었다. 자신의 마지막 행위들이 영원히 우리의 생각에 남을 것을 아셨을 텐데 마땅히 그분은 그 행위들을 신중하게 고르시지 않았을까? 정성 들여? 두말할 필요도 없다. 그날 우연히 발생한 사건은 단 하나도 없었다. 예수님의 마지막 순간들은 절대 우연히 일어나지 않았다. 하나님이 길을 고르셨다. 하나님이 못을 택하셨다. 우리 주님이 세 개의 십자가를 꽂으셨고 죄패를 써 붙이셨다. 하나님의 주권이 아들의 죽음에 관한 세부사항에 대해서보다 더 철저히 나타난 적은 없었다. 우리 아버지가 신중하게 그 편지를 쓰셨듯이 당신의 하늘 아버지도 신중하게 이 메시지를 남기셨다.

"내가 너를 위해 한 일이다. 모두가 너를 위해 한 일이다."

맥스 루케이도

2장

1. Michel de Montaigne. 다음 책에 인용된 말. Quote Unquote, Lloyd Cory 편집, (Wheaton, IL: Victor Books, 1977), 297.

5장

1. Isabel McHugh & Florence McHugh 번역, Josef Blinzler, The Trial of Jesus: The Jewish and Roman Proceedings against Jesus Christ Described and Assessed from the Oldest Accounts (Westminster, MD: The Newman Press, 1959), 103.
2. George Sayer, Jack: A Life of C. S. Lewis (Wheaton, IL: Crossway Books, 1994), 222.
3. McHugh & McHugh, The Trial of Jesus, 104.

6장

1. Paul Aurandt, Paul Harvey's the Rest of the Story (New York: Bantam Press, 1977), 47.

7장

1. "너희가 악한 자라도 좋은 것으로 자식에게 줄 줄 알거든 하물며 하늘에 계신 너희 아버지께서 구하는 자에게 좋은 것으로 주시지 않겠느냐"(마태복음 7:11).

2. Frank Stagg, New Testament Theology (Nashville: Broadman Press, 1962), 102.

8장

1. McHugh & McHugh, The Trial of Jesus, 1038.

9장

1. Illustrated Bible Dictionary, 3권 (Wheaton, IL: Tyndale House, 1980), 1525.

10장

1. William Hendriksen, Exposition of the Gospel According to John, 출전: New Testament Commentary (Grand Rapids: Baker Book House, 1953), 431.

2. 시편 22:15, 69:21.

13장

1. Arthur W. Pink, Exposition of the Gospel of John (Grand Rapids: Zondervan, 1975), 1077.

2. William Barclay, The Gospel of John, 개정판 2권 (Philadelphia: Westminster Press, 1975), 267.

예수가 선택한 십자가

1판 1쇄 발행 2021년 2월 5일
1판 6쇄 발행 2025년 3월 17일

지은이 맥스 루케이도
옮긴이 윤종석

발행인 양원석 **편집장** 차선화 **책임편집** 이슬기
디자인 강소정, 김미선 **영업마케팅** 윤송, 김지현, 백승원, 유민경

펴낸 곳 ㈜알에이치코리아
주소 서울시 금천구 가산디지털2로 53, 20층 (가산동, 한라시그마밸리)
편집문의 02-6443-8916 **도서문의** 02-6443-8800
홈페이지 http://rhk.co.kr
등록 2004년 1월 15일 제2-3726호

ISBN 978-89-255-8914-5 (03230)

‍‍※ 이 책은 ㈜알에이치코리아가 저작권자와의 계약에 따라 발행한 것이므로
본사의 서면 허락 없이는 어떠한 형태나 수단으로도 이 책의 내용을 이용하지 못합니다.

※ 잘못된 책은 구입하신 서점에서 바꾸어 드립니다.

※ 책값은 뒤표지에 있습니다.